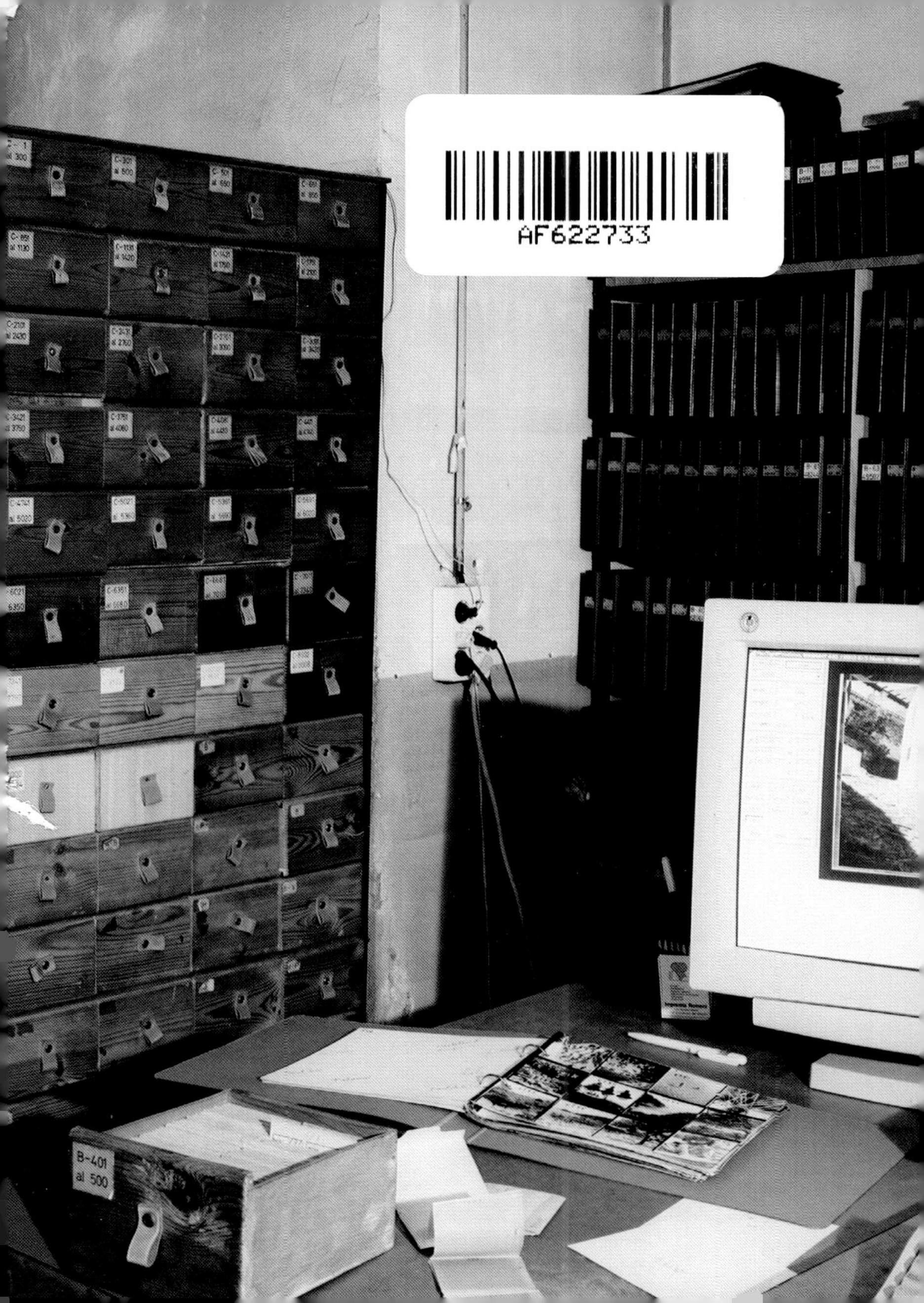
B-401
al 500

Cuarta edición, 2012

Biblioteca PHotoBolsillo

Francesc Català-Roca

PHotoBolsillo LA FABRICA EDITORIAL

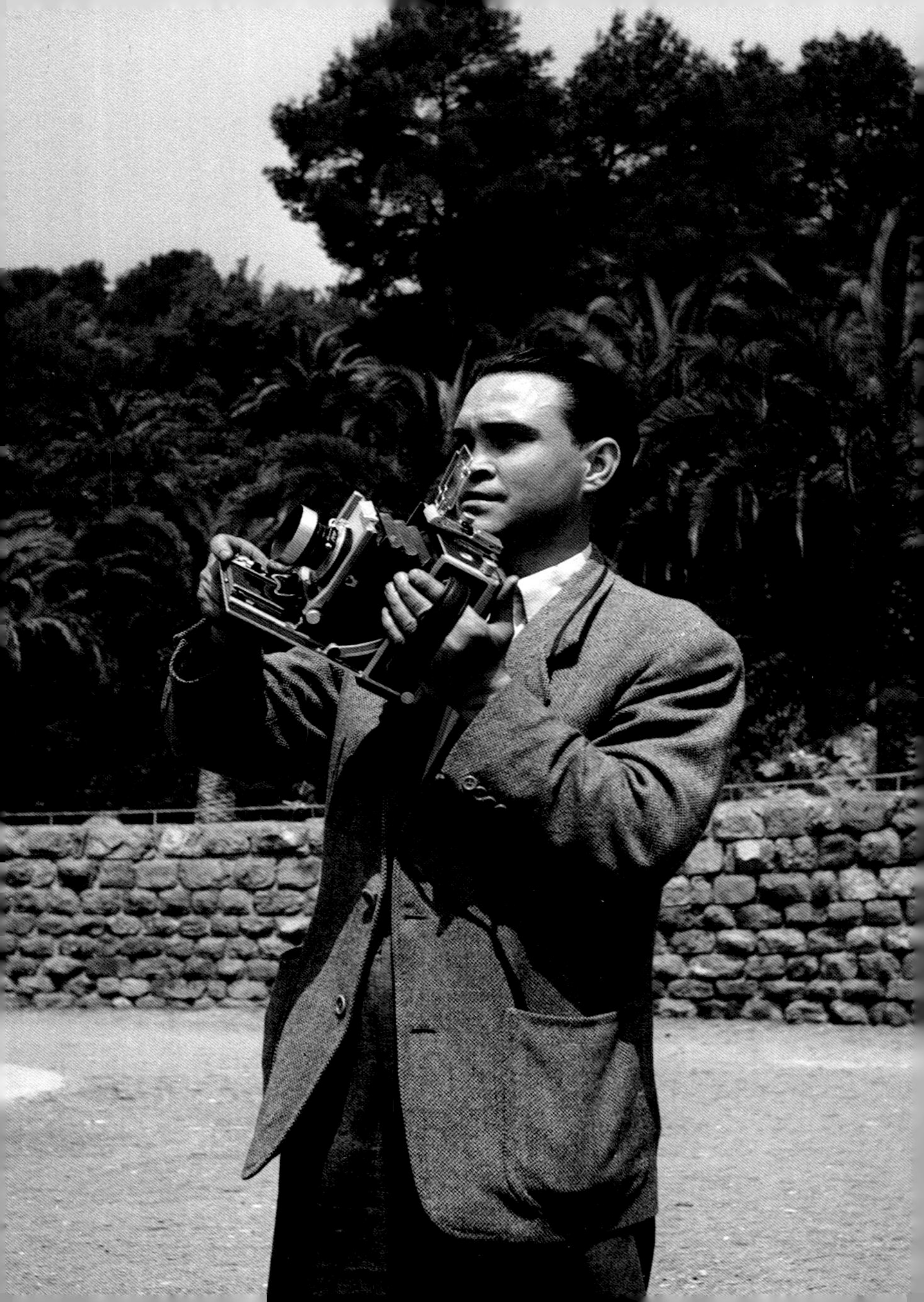

Francesc Català-Roca
Una mirada necesaria
Luis Revenga

Autorretrato en el Parque Güell. Barcelona, 1953

Madrid, *ca.* 1955

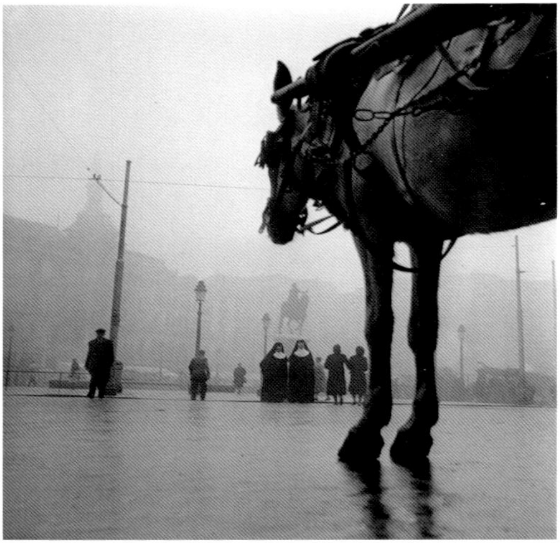

Si tuviera que elegir un fotógrafo, un artista que me haya hecho reflexionar y acrecentar el gusto por la imagen fotográfica, es a Francesc Català-Roca a quien debo agradecer el placer y el rigor de la mirada (él decía que «la fotografía es una mirada»).

Dueño de un pensamiento y un estilo capaz de conmover a cualquiera que observe atentamente su mirada, sus obras siempre son identificables. Al enfrentarme a ellas una y otra vez siempre encuentro nuevas formas de conocimiento. Sus fotografías están llenas de numerosos significados, visiones que nos obligan a adentrarnos en un mundo en el que la realidad del autor pasará de inmediato a ser la nuestra. Vamos a conocer una época diferente a la nuestra a través de unas imágenes; impresiones que causaron en él ciudades y gentes y su medio y costumbres, «que se funden con otros aspectos»: la visión del mundo de Francesc Català-Roca.

Esas fotografías que tanto me impresionaron eran todas en blanco y negro, y fueron tomadas a comienzos de la década de los años cincuenta. En un texto de presentación de uno de sus últimos libros, Català-Roca aclara: «He querido hacer un libro de fotografías de mediados del siglo XX, es decir, hechas en el momento de máximo esplendor del procedimiento llamado blanco y negro. Esta denominación no es la adecuada pues, a mi modo de ver, le falta la palabra gris. Y si decimos blanco, negro y gris, ya casi he dicho una frase. Se podría arreglar con una sola palabra, por ejemplo acromático, que es la conjunción de dos palabras griegas: el prefijo "a" que significa "sin", y "cromático", que significa "perteneciente o relativo a los colores". Por lo tanto, acromático significa "sin color". De la conjunción de las palabras foto, que significa luz, y grafía, que significa escritura, sale la palabra fotografía, que tiene la ventaja de ser entendida en la mayoría de las lenguas del mundo occidental».

De todas estas precisiones, y otras, como la de no poner nunca cristales («enjaular», decía él) a las fotografías de sus exposiciones, y exhibirlas en los formatos y orden más adecuados, hablamos muchas veces. Siempre compartí sus acertadas consideraciones. Puedo decir que, como editor de libros de fotografía, también aprendí de él.

¿Cómo no entender, conociendo sus experiencias e investigaciones, que Català-Roca abandonase definitivamente la fotografía en blanco y negro por el color en 1973, «si veo las cosas en color...»? Siempre fue un hombre consecuente con su pensamiento y con su tiempo. Y en 1973 comenzaron sus viajes a la America que habla español, países que le apasionaron y han dejado una profunda huella en su obra en color. Me contaba Martí, su hijo mayor, que, a primeros de marzo de 1998, su padre, ya en estado terminal, lúcido y tranquilo, comentaba lo mucho que hubiera deseado ocupar el lugar de Andreu, su otro hijo, que por esos días hacía un reportaje fotográfico en Argentina.

Català-Roca fue un viajero infatigable: «Viajar me encantaba y si era para hacer fotos, que es lo que más me gusta del mundo, más todavía», escribió en su libro *Impresiones de un fotógrafo. Memorias*, en 1995. En los años cincuenta viajó en su mítica Vespa, con la que recorrió prácticamente toda la geografía española.

De su inmensa producción fotográfica destacan muchas, pues en todas las que se plantea Català-Roca observa y perpetúa instantes que explican perfectamente hechos, cosas y personajes que, en un momento determinado, «gracias a su representación, podrán ser observados y vistos por las generaciones venideras». Una vez obtenida la captura (el negativo), acorrala más todavía el momento representado mediante la ampliadora para ajustarse mejor a su realidad y que «el observador lo entienda a partir de su propia representación». Entre el mundo exterior que él

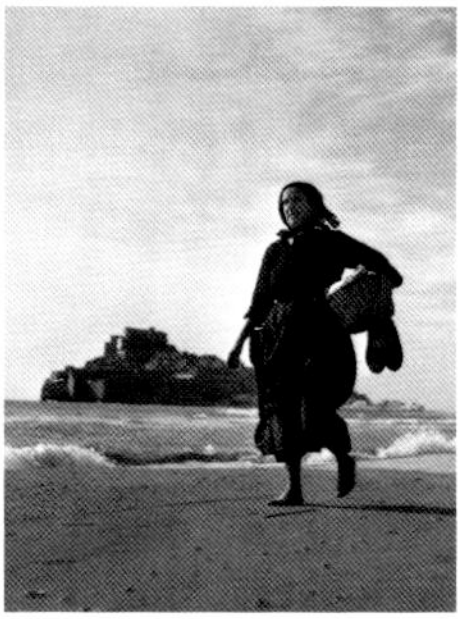

Peñíscola, Castellón, *ca.* 1955

captura y nosotros se establece una relación. Català-Roca se enfrenta al sujeto de una forma más o menos compleja, siempre con la intención de establecer un perfecto equilibrio entre la experiencia vivencial y la fotográfica, que obliga al espectador de su obra a profundizar ante la imagen propuesta. El efecto que produce la recepción de su obra, al sentir el impulso de abordarla desde el interior, nos obliga también a reflexionar sobre el impacto recibido.

Del inmenso tesoro que suponen los archivos de Català-Roca, de su magnífica obra (que podría subtitularse «Fotografías. Artistas, arquitectos, personajes, toros» como la exposición retrospectiva que tuvo lugar en la Galería Maeght de Barcelona, en 1980) debemos apuntar que en ella están contenidos todos sus universos personales y las reglas del acto fotográfico.

Català-Roca es un humanista. Sus suites y secuencias fotográficas muestran y definen la realidad que capta, a la que ama y conoce. De esos momentos, de esas fotografías que son producto de la atenta espera de algo que es obligatorio que suceda (porque cuando se conoce el medio, no puede sorprenderte una parte y la aíslas); de entre esas fotografías, me gusta repetir; hay muchísimas que destacan. Algunas austeras, otras graciosas, elegantes, y otras incluso algo extrañas: no hay que olvidar que Català-Roca

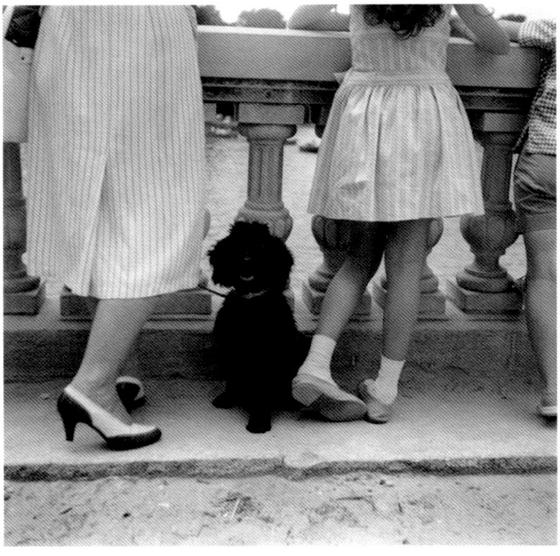

Parque de El Retiro. Madrid, *ca*. 1955

Escena en Cibeles. Madrid, 1954

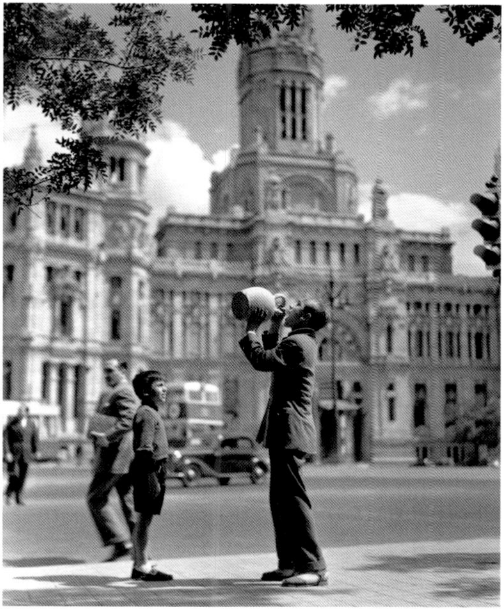

se formó junto a su padre, su maestro, el fotógrafo Pere Català i Pic, que le introdujo en el universo de las vanguardias: Francesc, a los quince años, y siendo su ayudante, pudo contemplar en Barcelona una exposición de Man Ray, organizada por su padre.

Català-Roca utiliza técnicas y estéticas vanguardistas e innovadoras para contar mejor lo que ha proyectado previamente. Un ejemplo claro de la conjunción teórico y técnica que se da en su obra, de su dominio del arte fotográfico, lo tenemos en la fotografía del monumento a Colón, visto desde arriba *(Monumento a Colón, Barcelona, 1947);* o en aquella otra en la Gran Vía de Barcelona, en la que vemos a un guardia de la policía armada delante de la imagen de un bebé que anuncia polvos higiénicos *(Calber, Publicitat. Barcelona, 1953).* La audacia de esos y otros muchos encuadres son producto del sabio buen hacer de un artista que conoce perfectamente el medio de expresión que utiliza para contar la época que le tocó vivir. Y sabe transmitirlo.

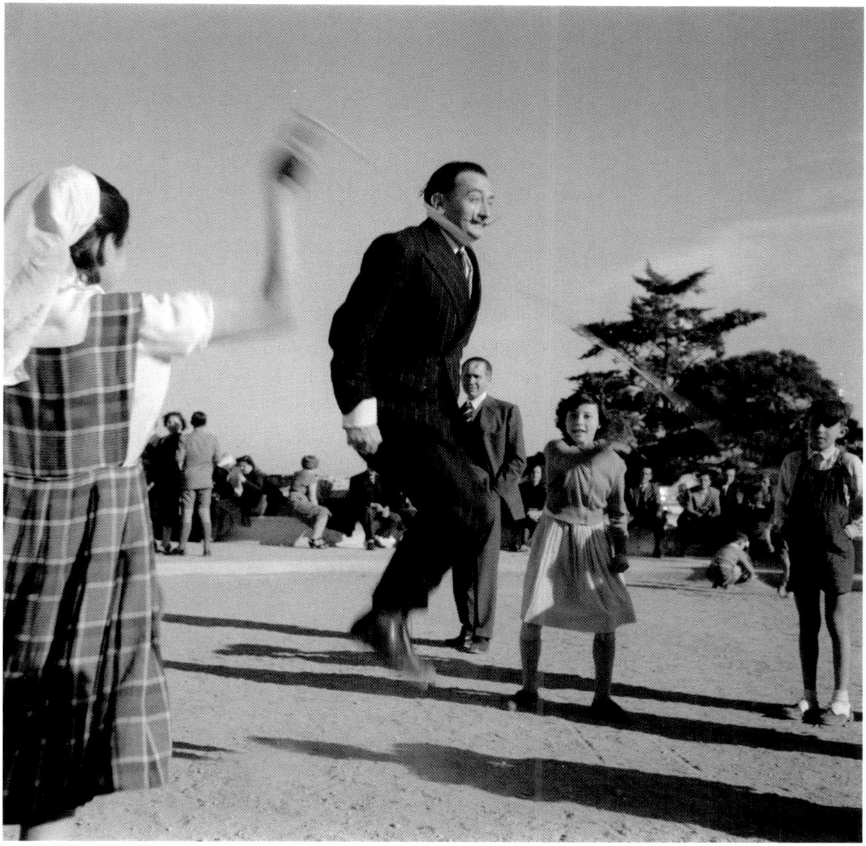

01. Salvador Dalí en el Parc Güell, *ca.* 1953

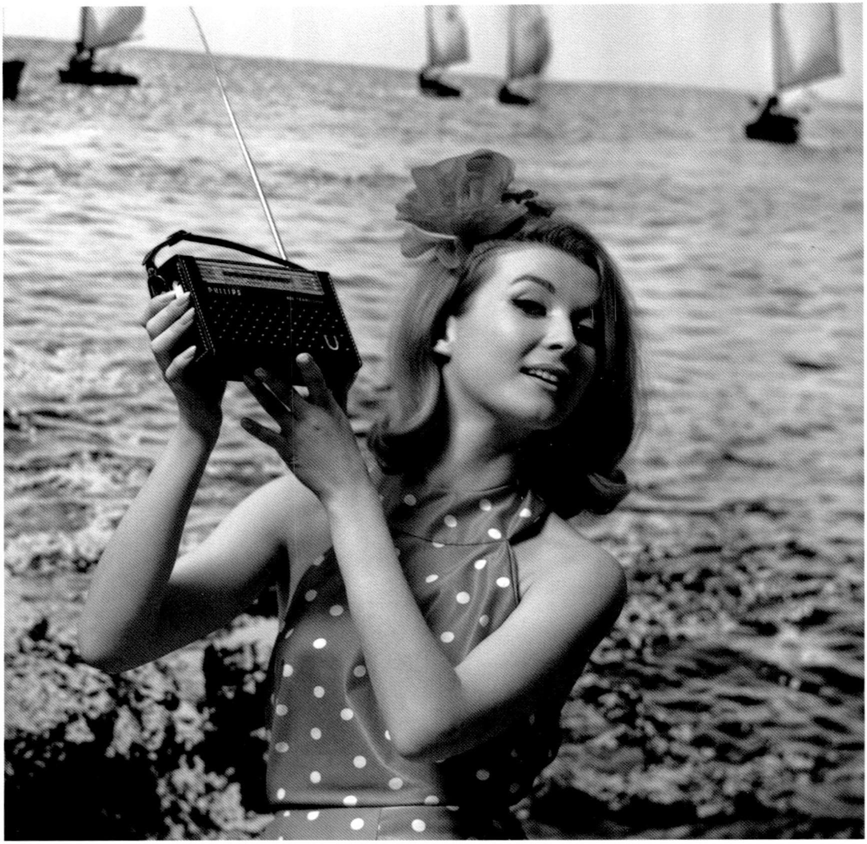

02. Publicidad de radio Philips, para el escaparate de la tienda Aixelà. Barcelona, *ca.* 1960

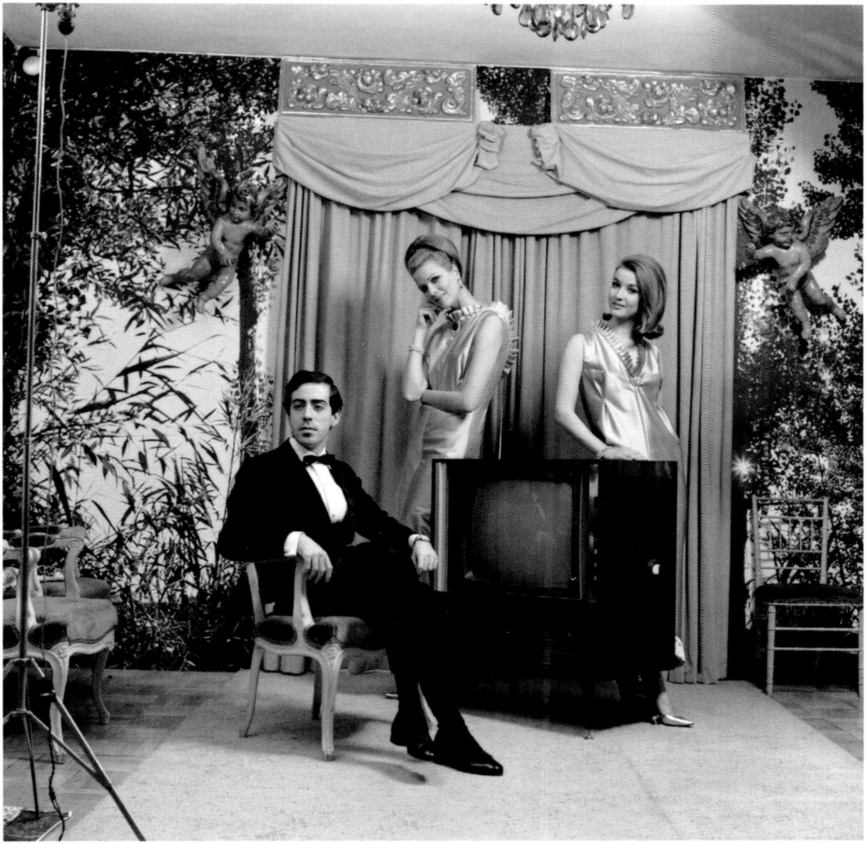

03. Publicidad de tocadiscos, televisor y radio para el escaparate de la tienda Aixelà. Barcelona, *ca*. 1960

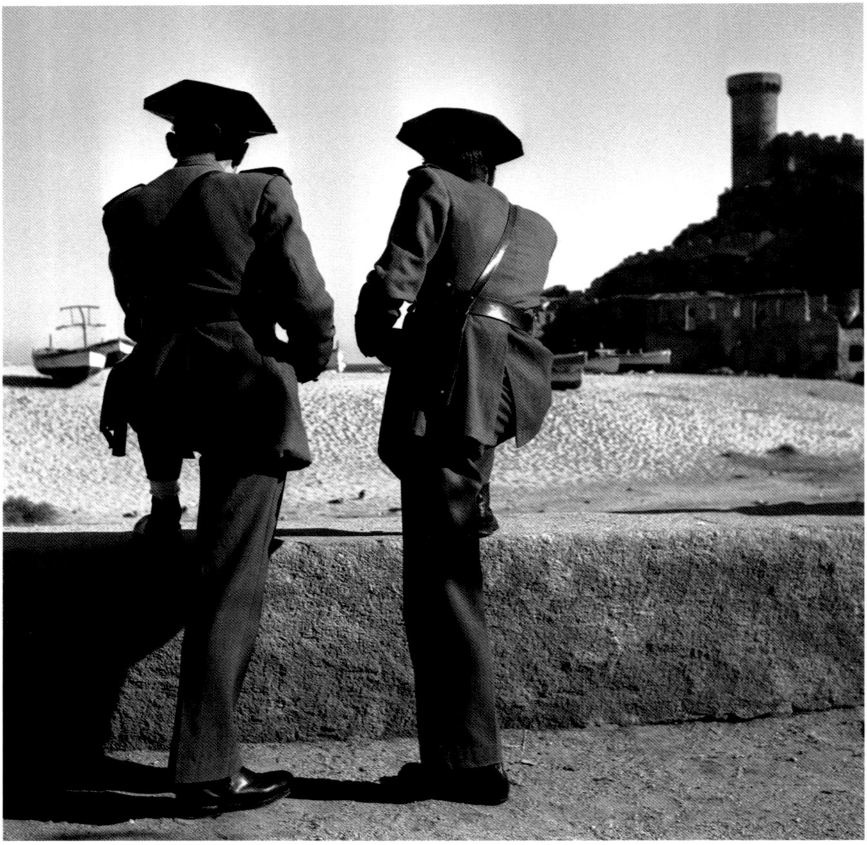

04. Tossa de Mar, 1955

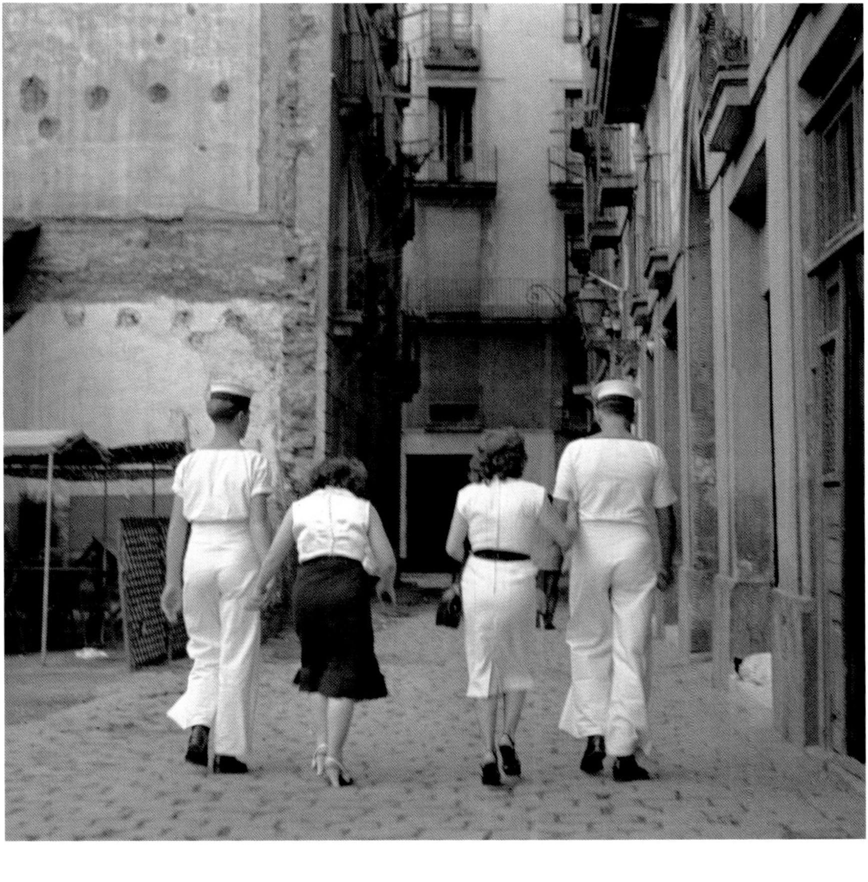

05. Marineros de visita al Barrio Chino. Barcelona, 1953

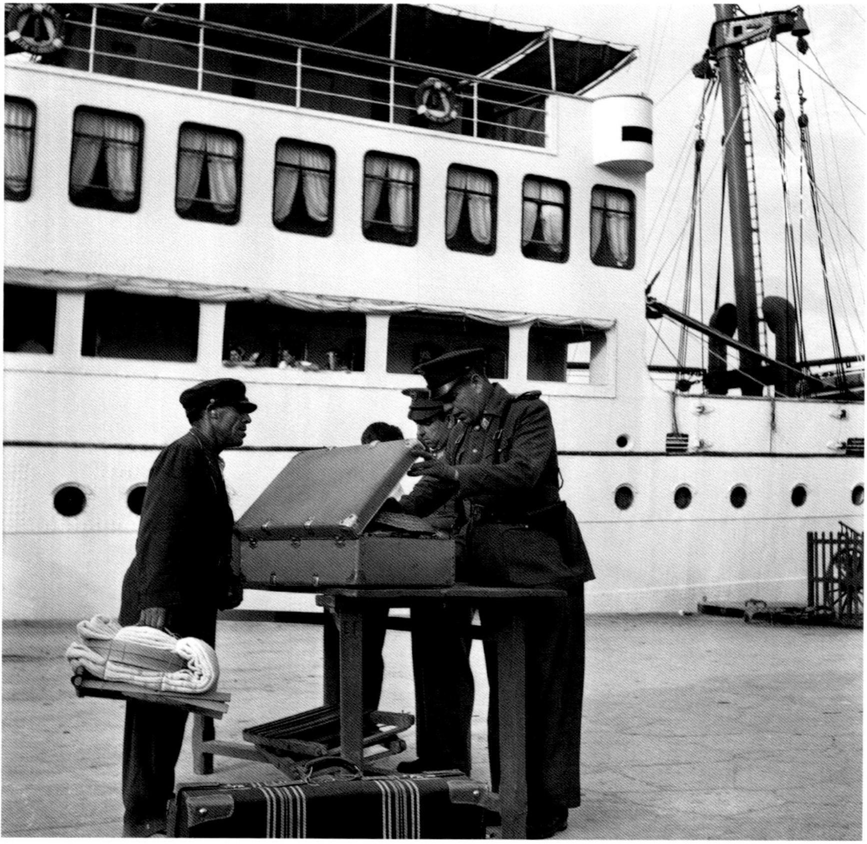

06. Ibiza, *ca.* 1955

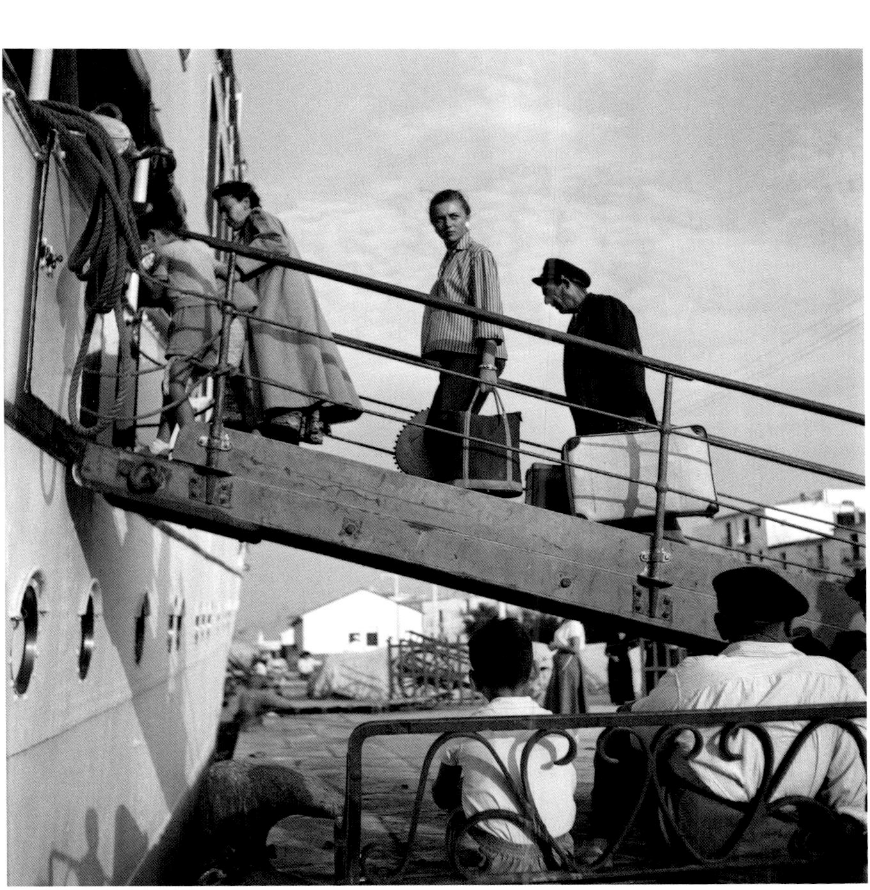

07. Ibiza, *ca*. 1955

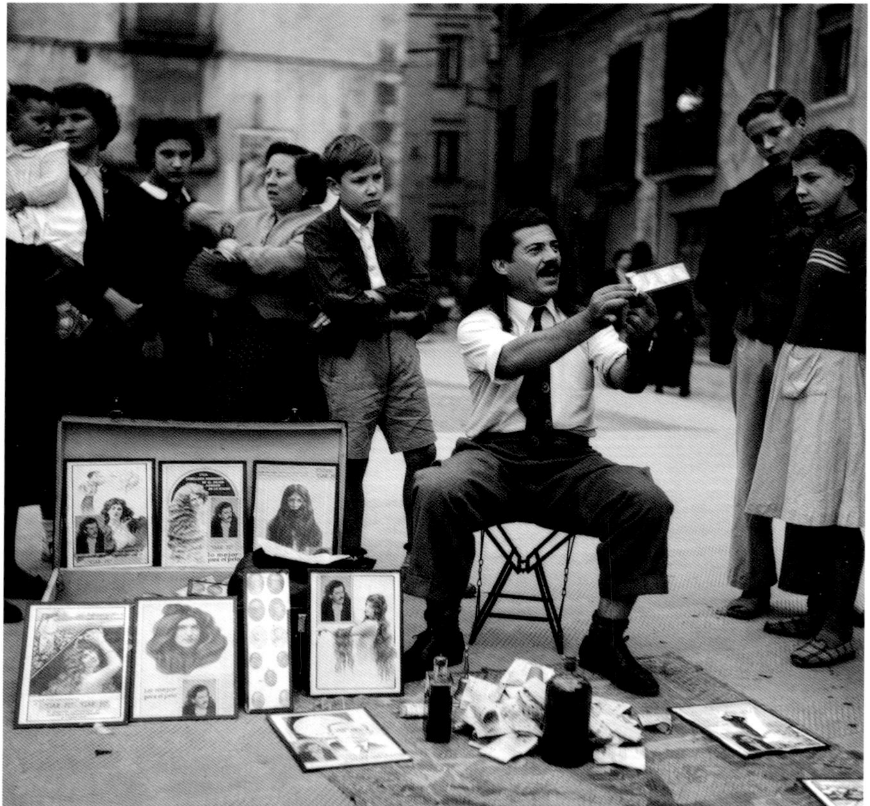

08. Vendedor de crecepelo. Girona, *ca*. 1955

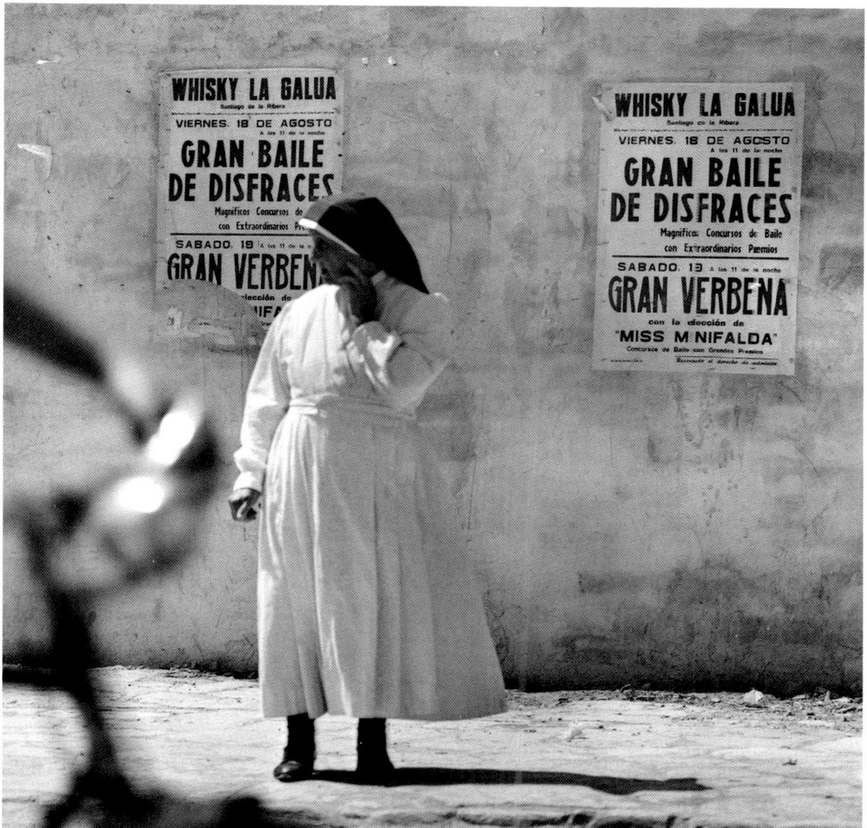

09. Gran baile de disfraces. Santiago de la Ribera, Murcia, 1967

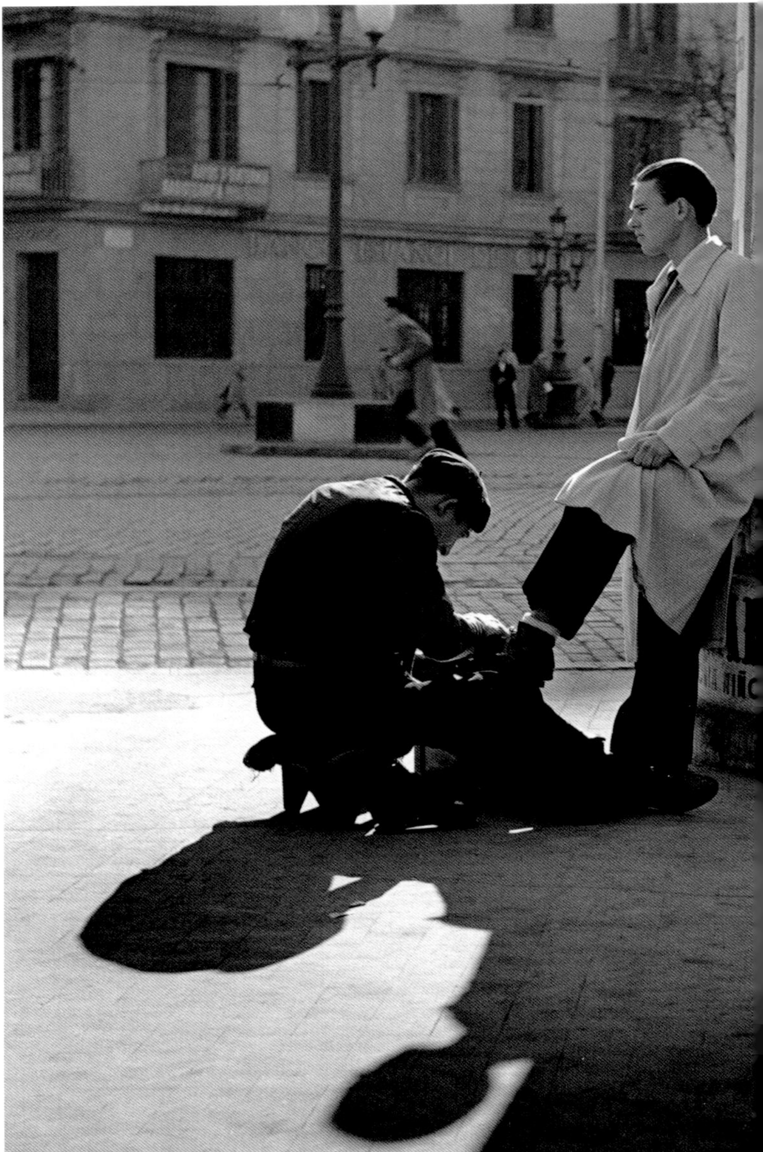

10. Gran Via. Barcelona, 1954

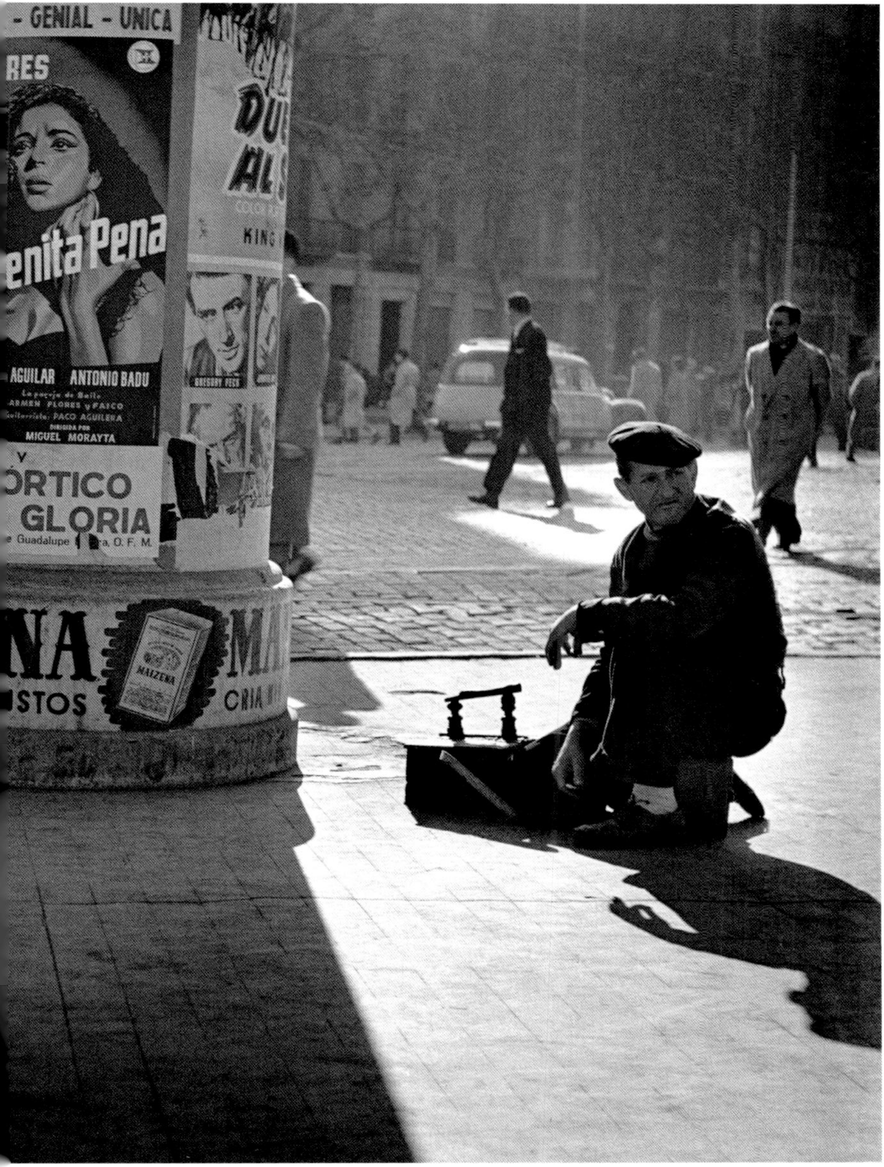

- GENIAL - UNICA
RES
enita Pena
AGUILAR
ANTONIO BADU
DIRIGIDA POR
MIGUEL MORAYTA
ÓRTICO
GLORIA
NA
STOS
MAIZENA

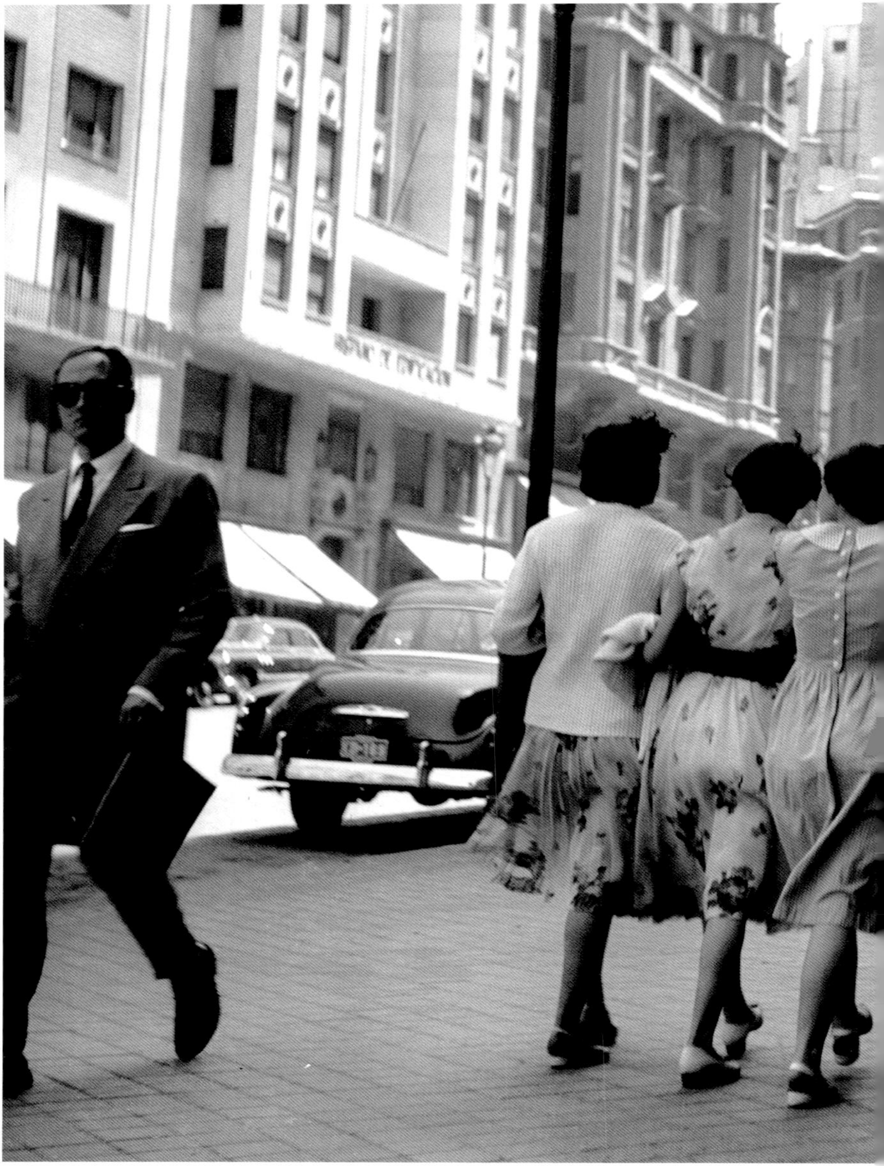

11. Señoritas por la Gran Via. Madrid, *ca*. 1955

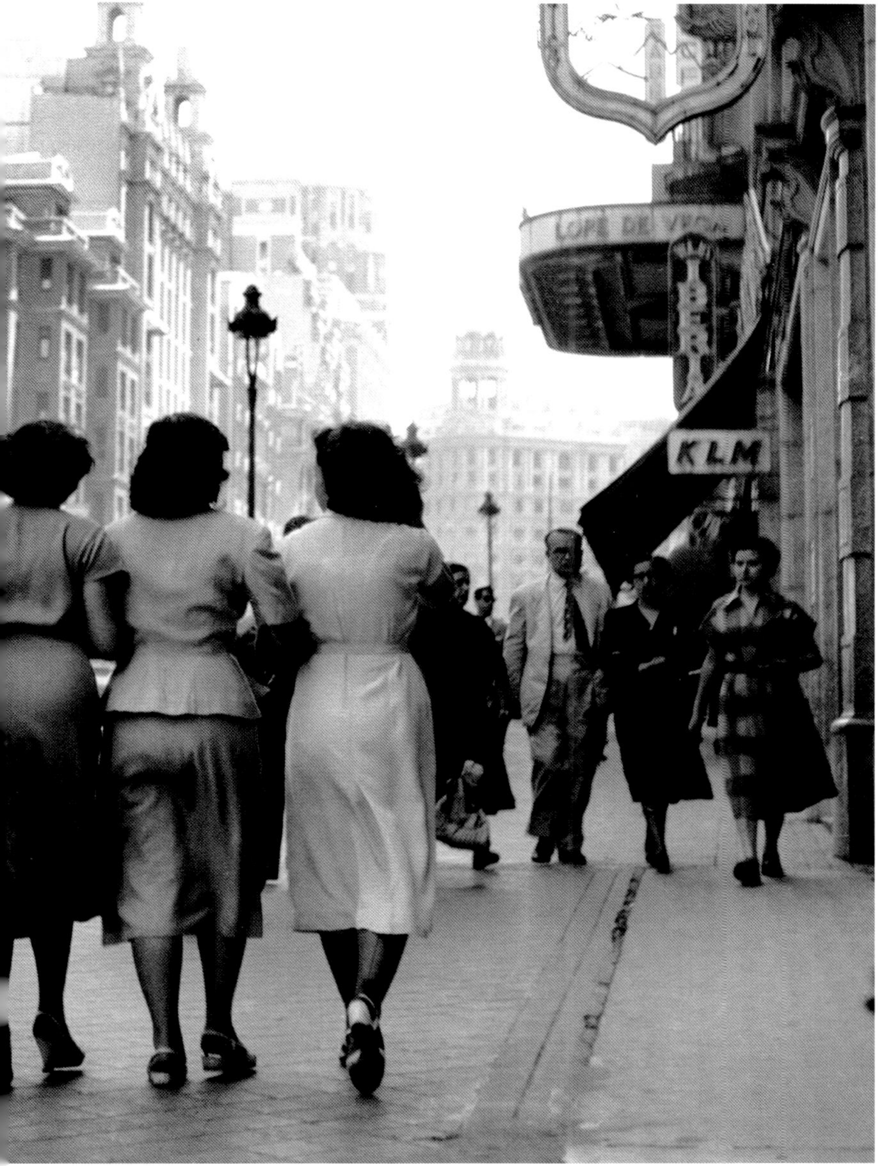
KLM

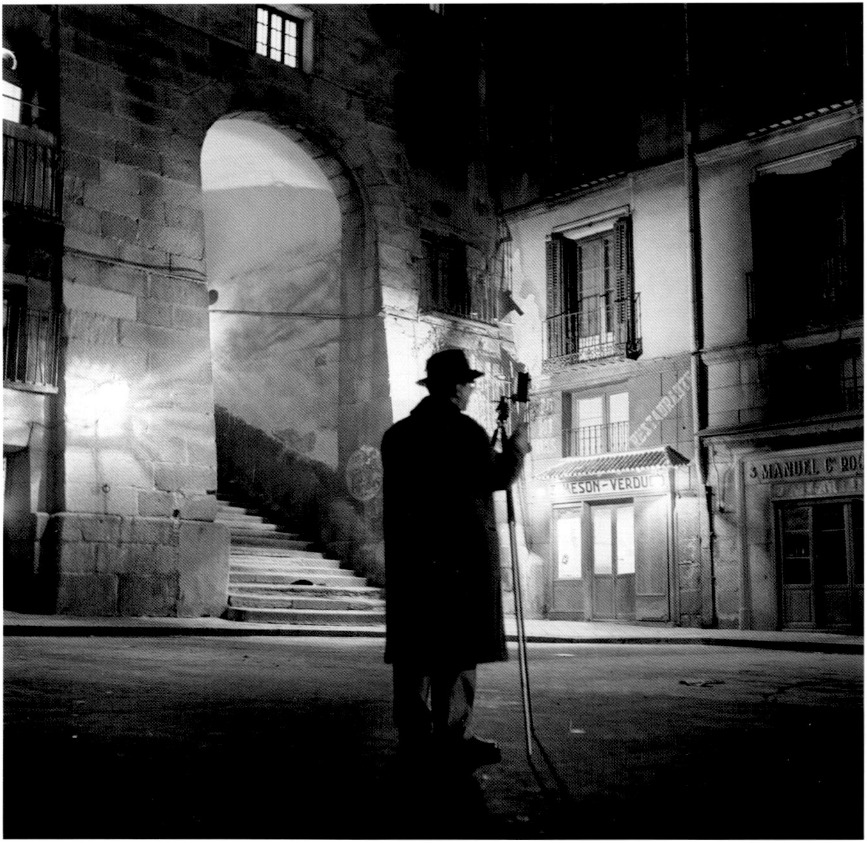

12. Colega en el Arco de Cuchilleros. Madrid, 1953

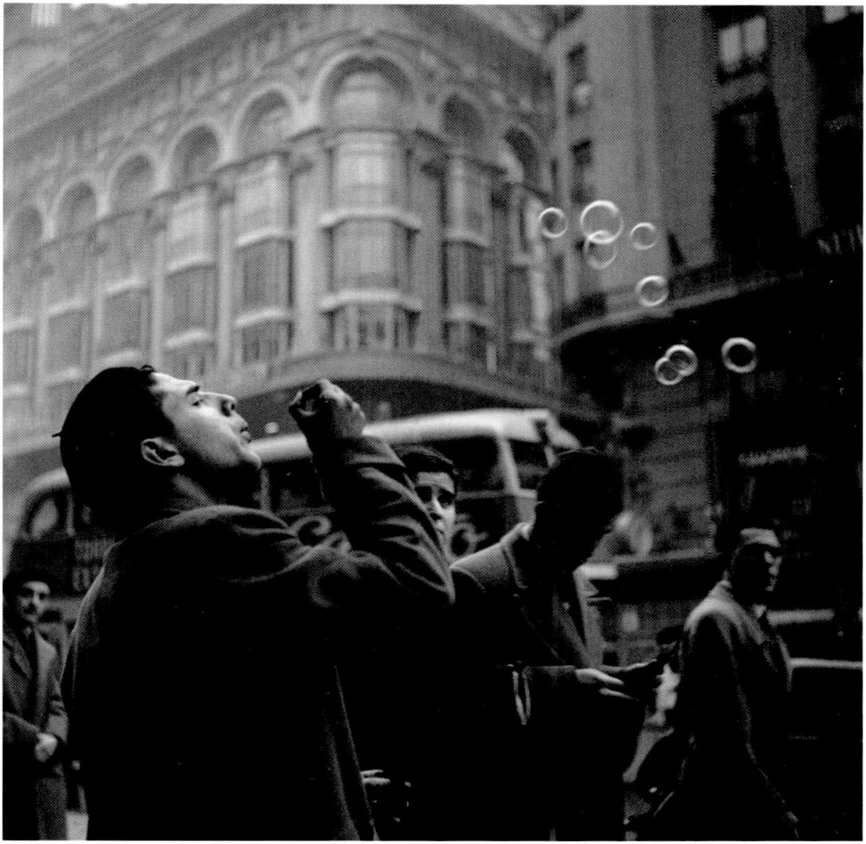

13. La Gran Vía. Madrid, *ca*. 1955

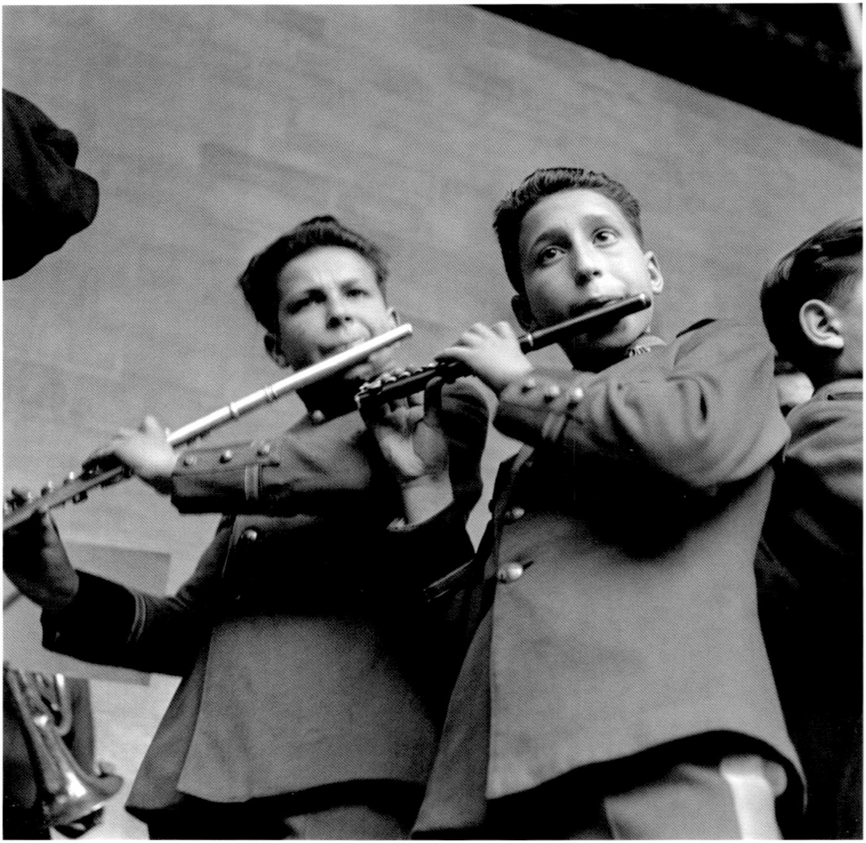

14. Niños tocando la flauta. Barcelona, *ca*. 1955

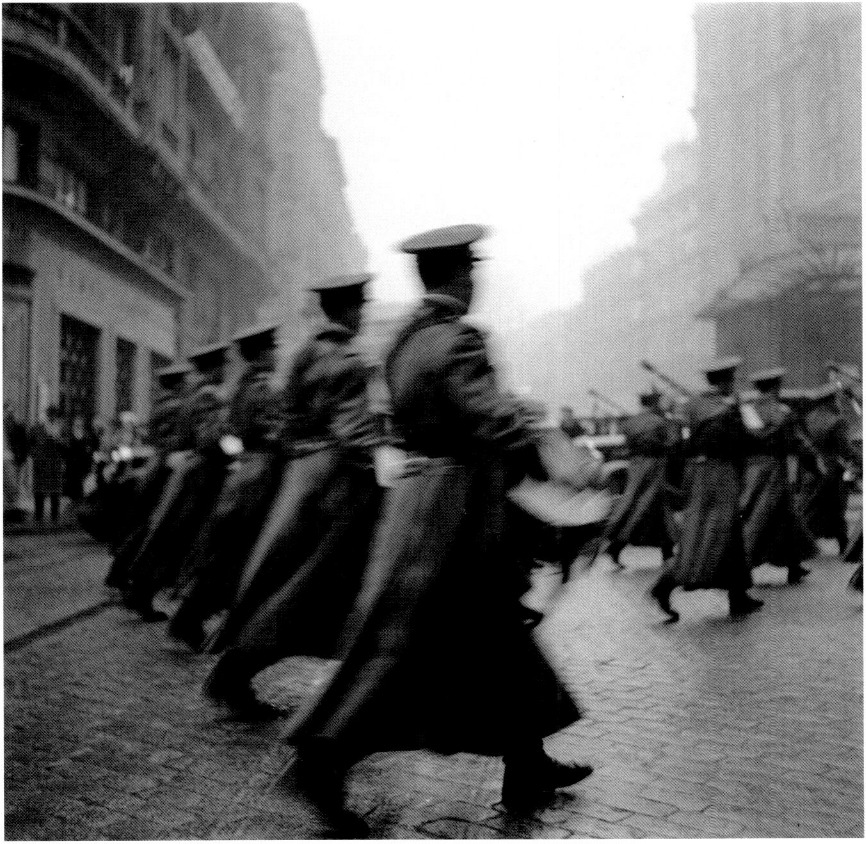

15. Desfile del Ejército por el centro de la ciudad. Madrid, *ca.* 1955

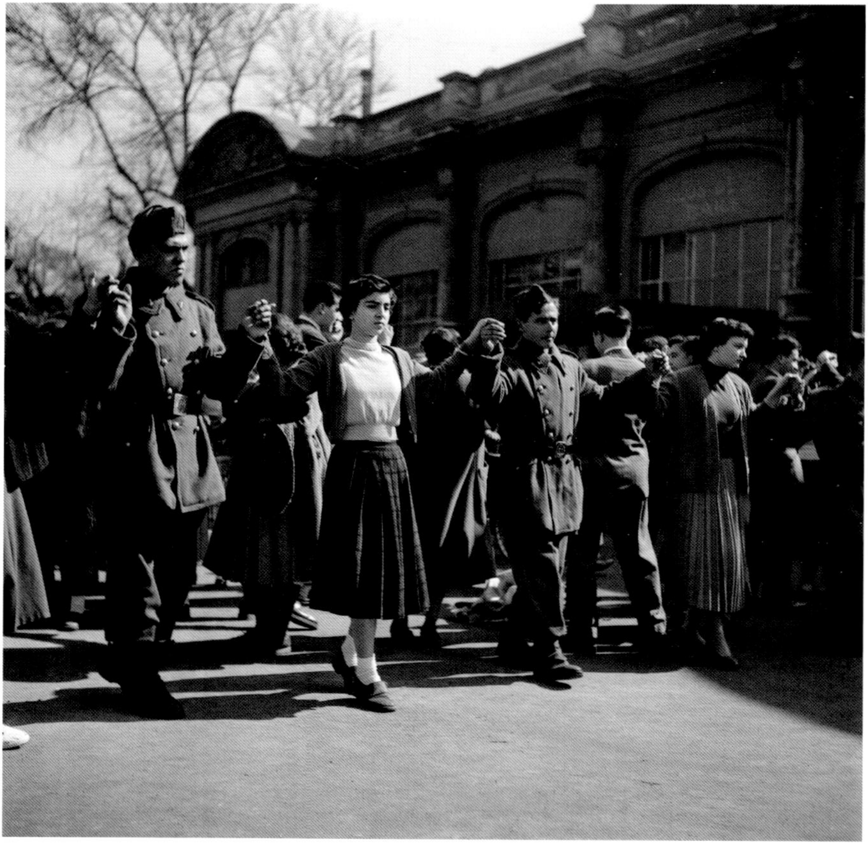

16. Sardanas en La Ciudadela. Barcelona, *ca.* 1950

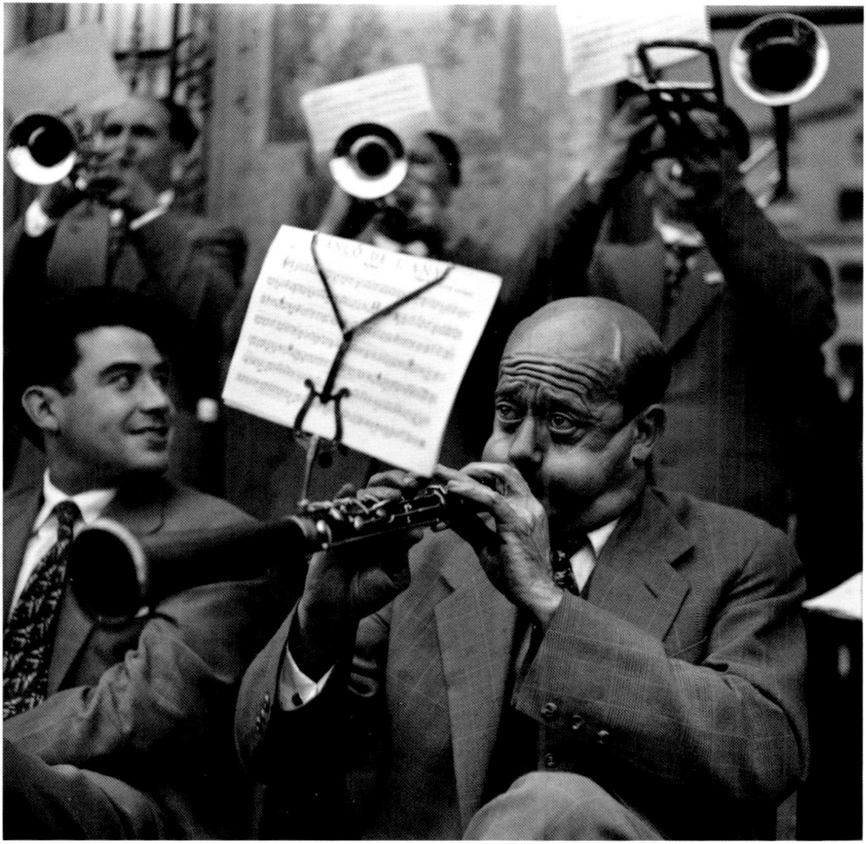

17. Día de la Provincia. Granollers, Barcelona, 1960

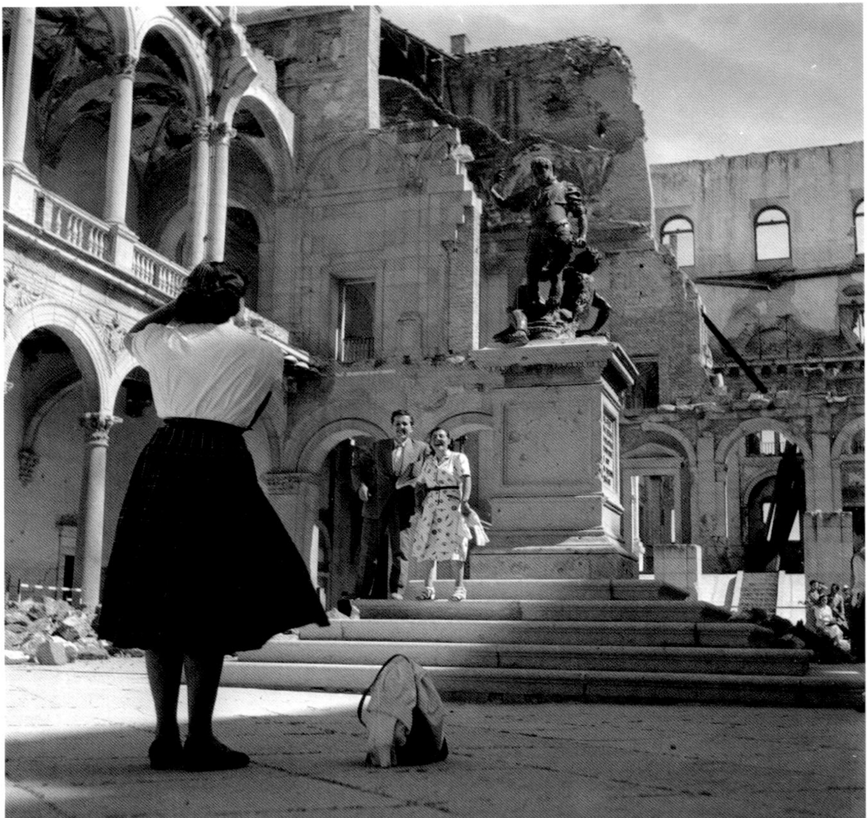

18. *Ca.* 1955

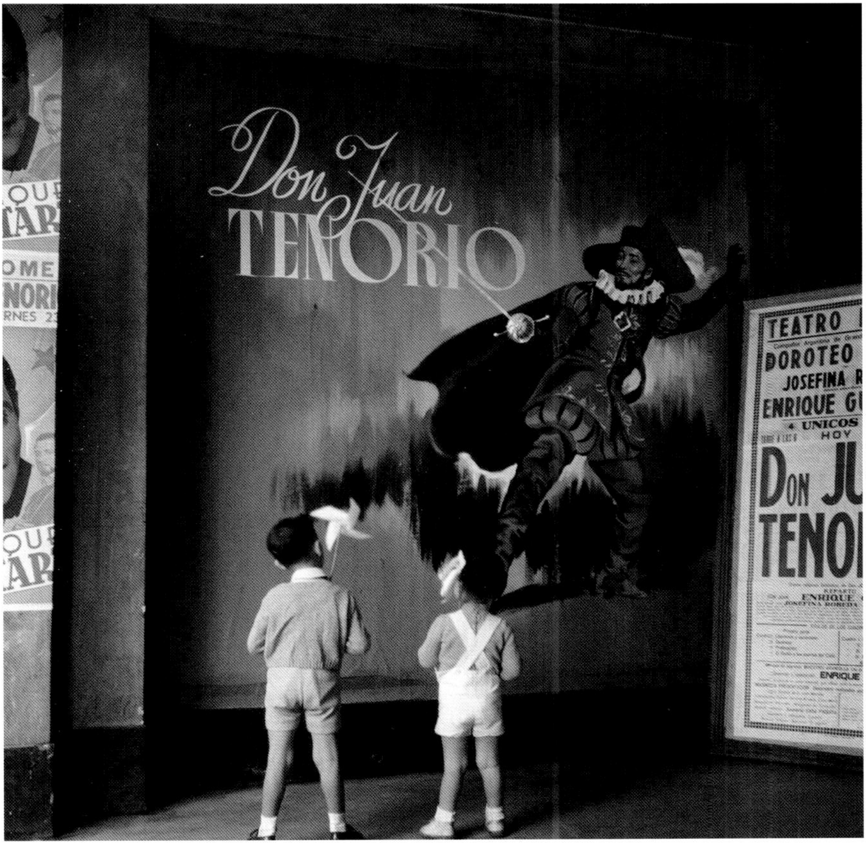

19. Teatro Romea. Barcelona, *ca*. 1950

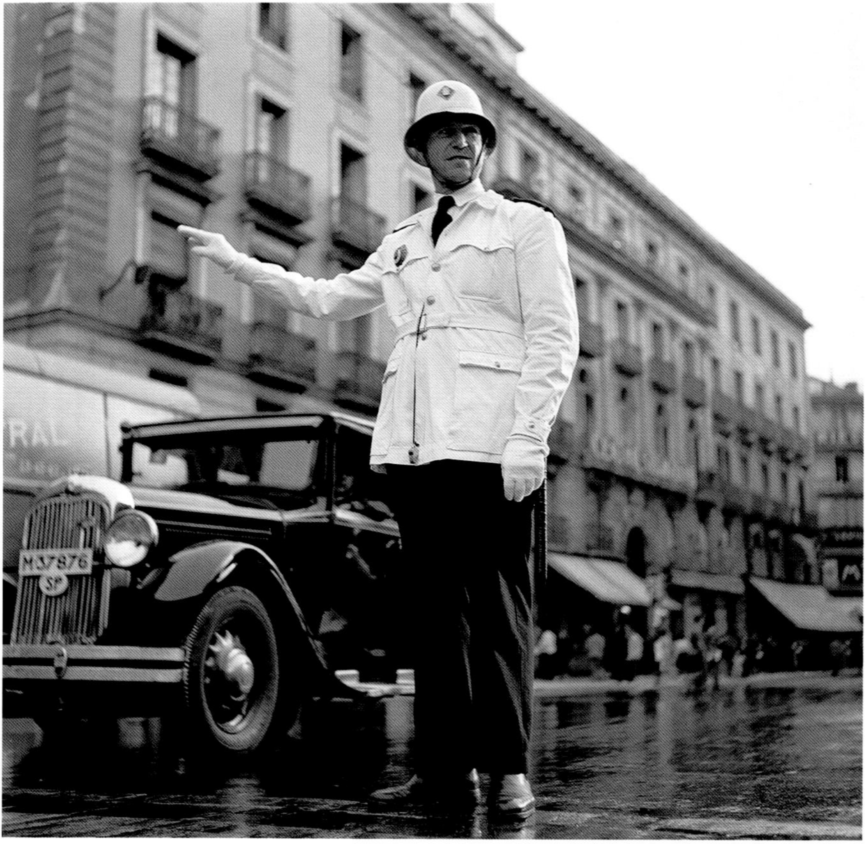

20. Policía municipal. Madrid, 1953

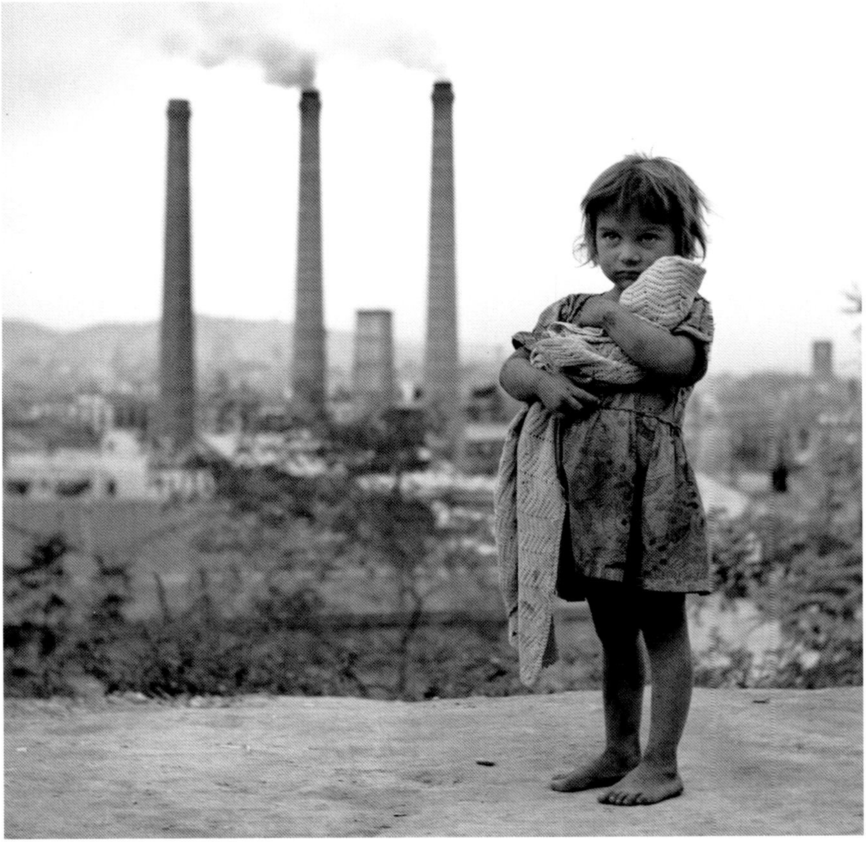

21. Gitanilla. Montjuic, Barcelona, 1950

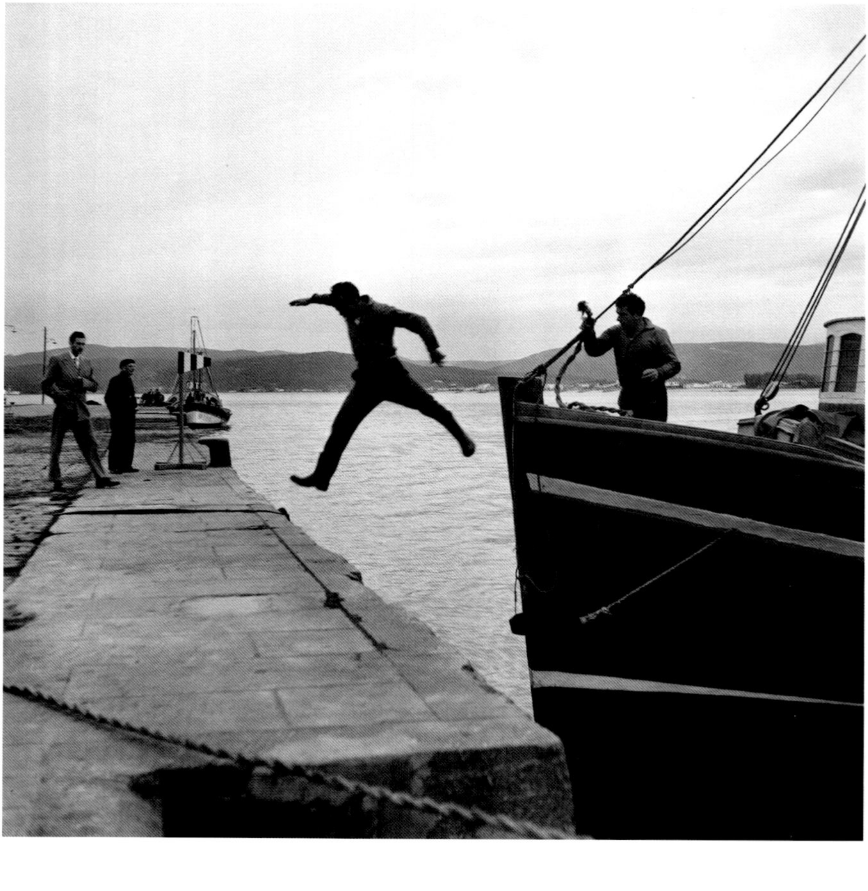

22. Palamós, Girona, *ca.* 1955

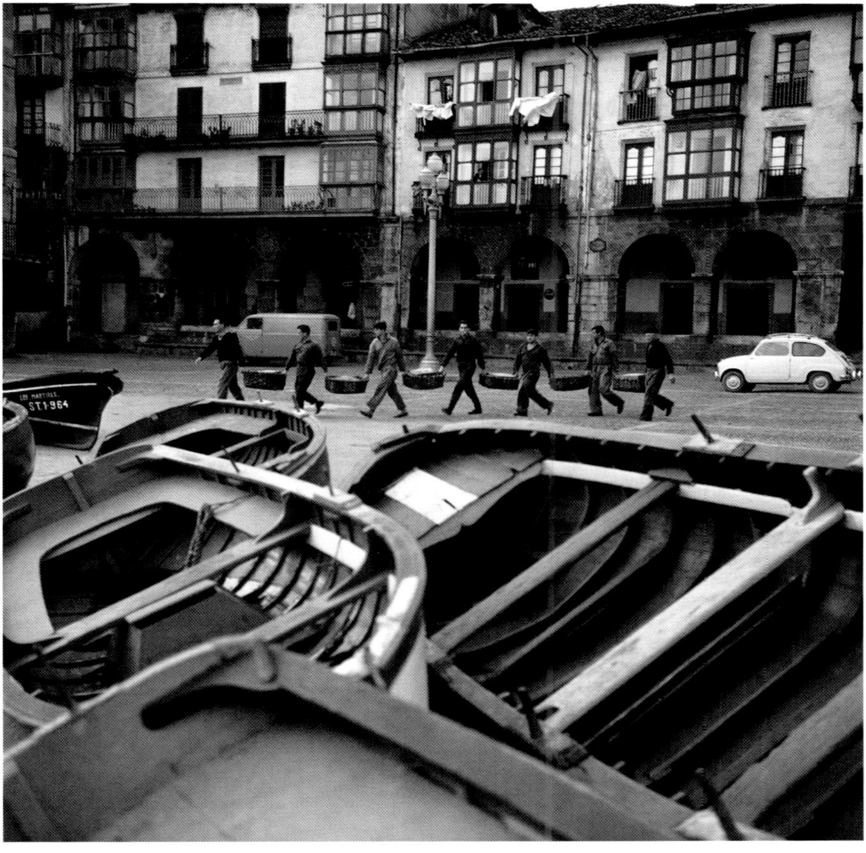

23. Castro Urdiales, Cantabria, *ca.* 1960

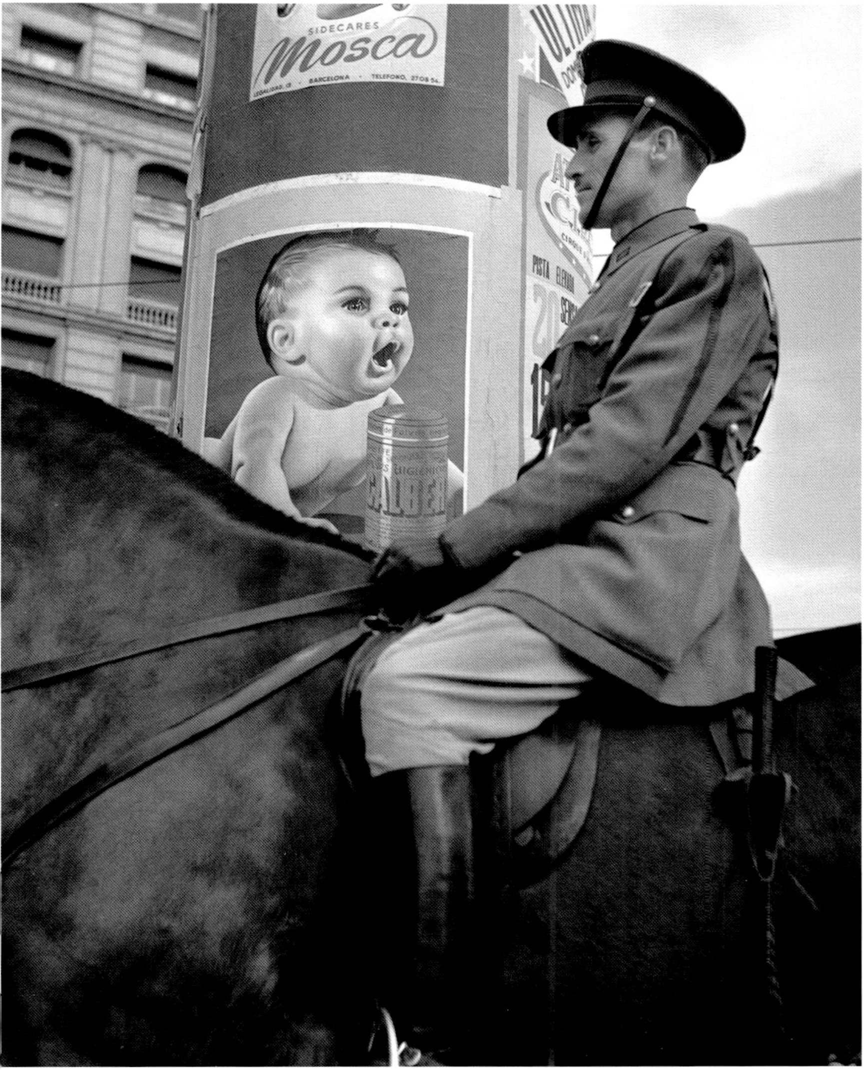

24. Publicidad. Barcelona, 1953

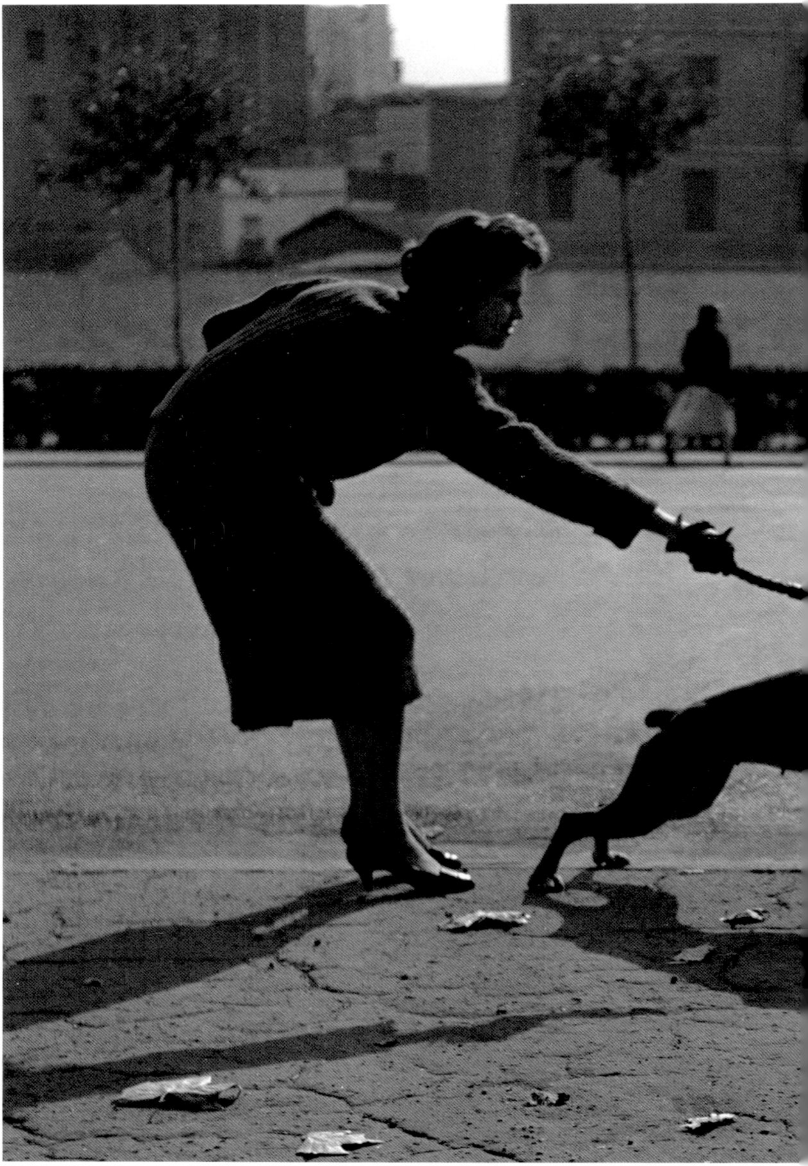

25. Mascotas por la Diagonal. Barcelona

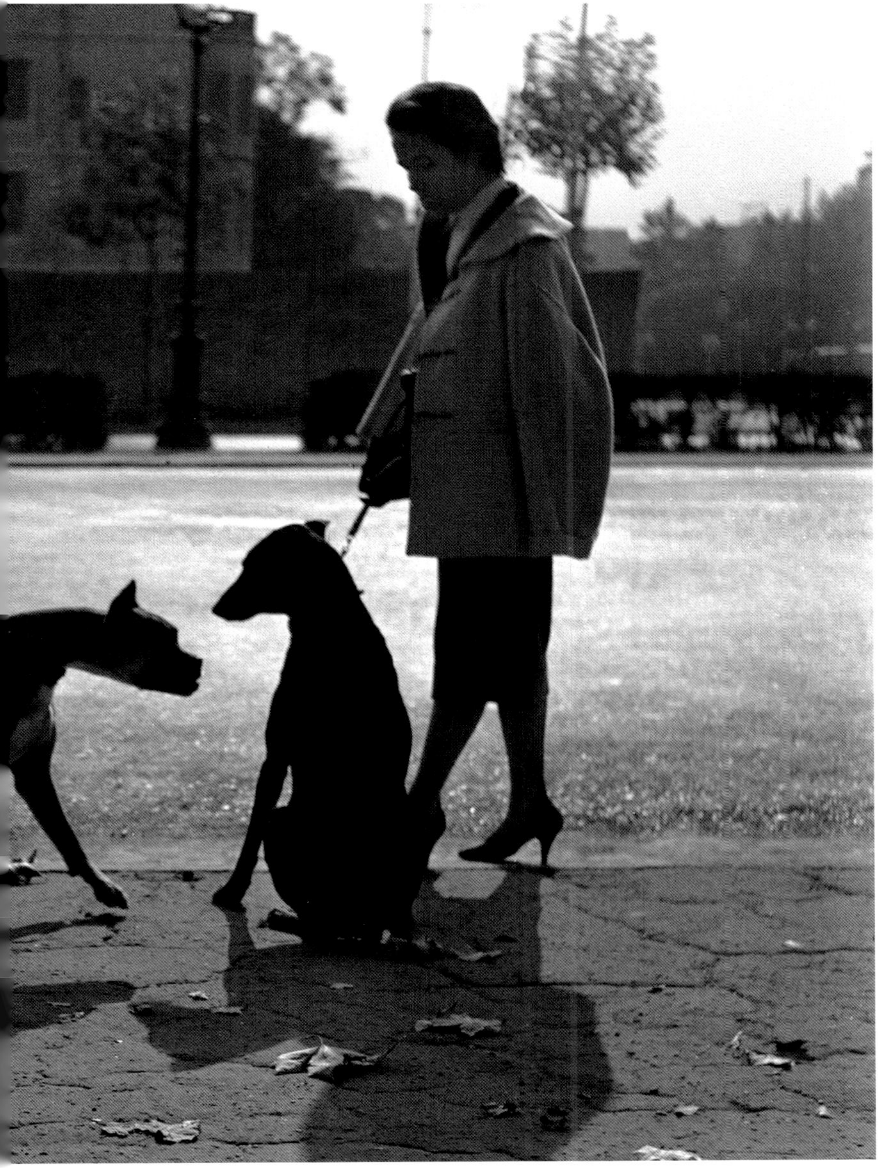

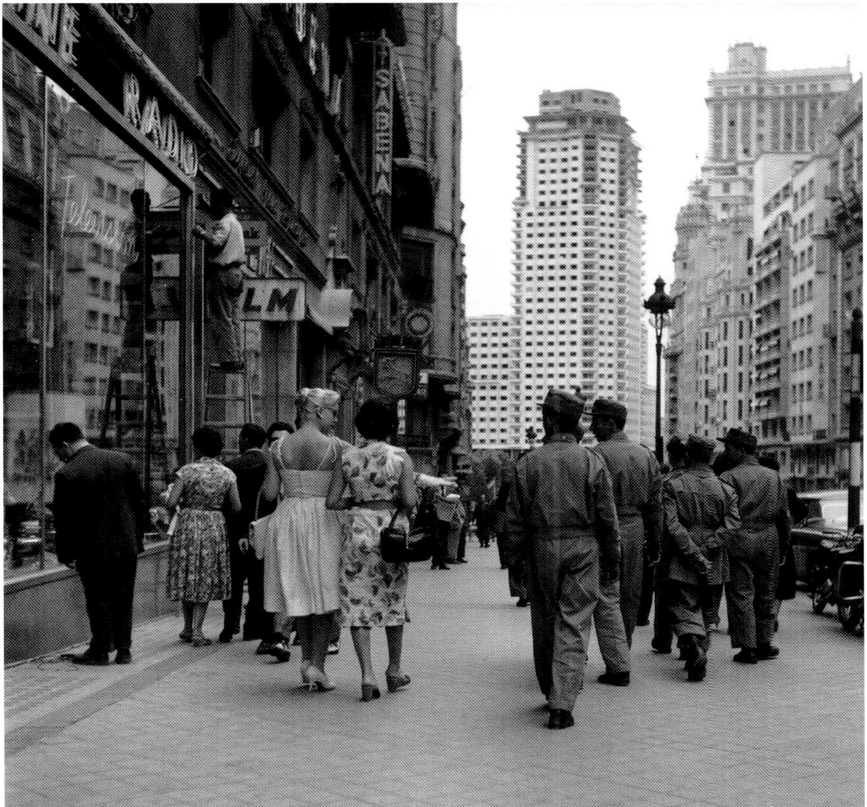

26. Escolta visual. Madrid, *ca.* 1959

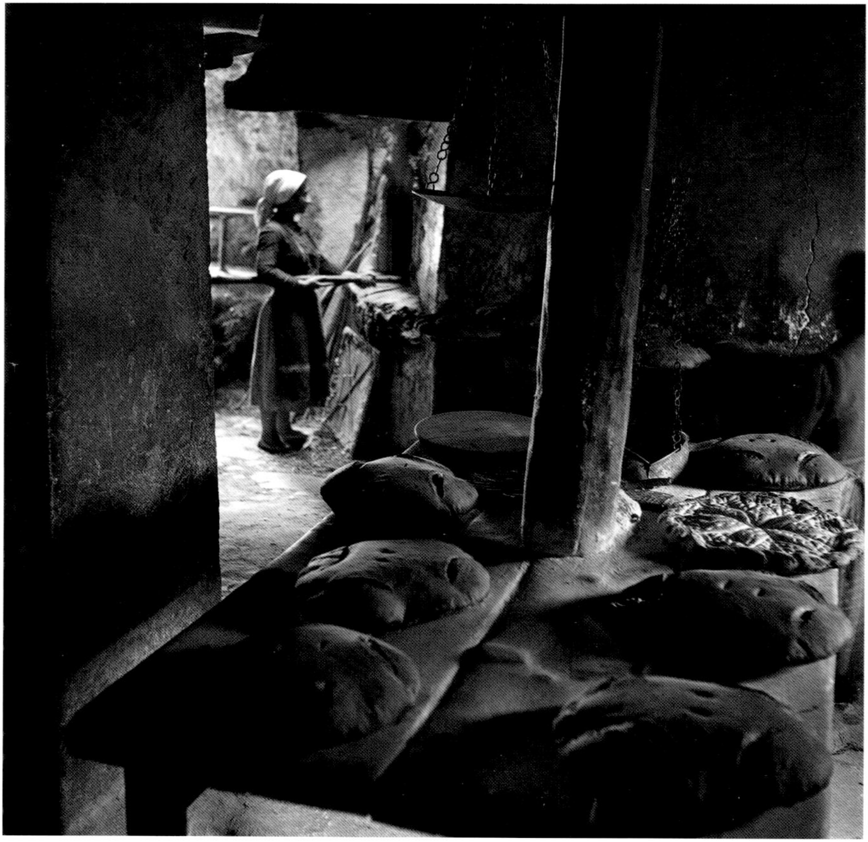

27. Tahona en La Frontera. Cuenca, *ca*. 1955

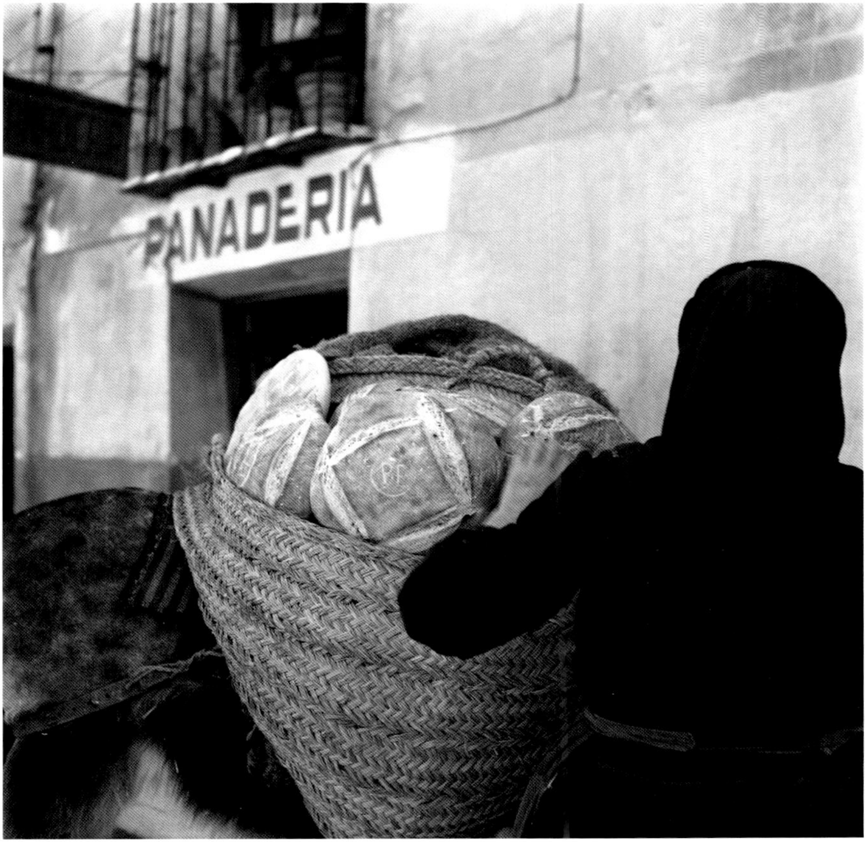

28. Cuenca, *ca.* 1955

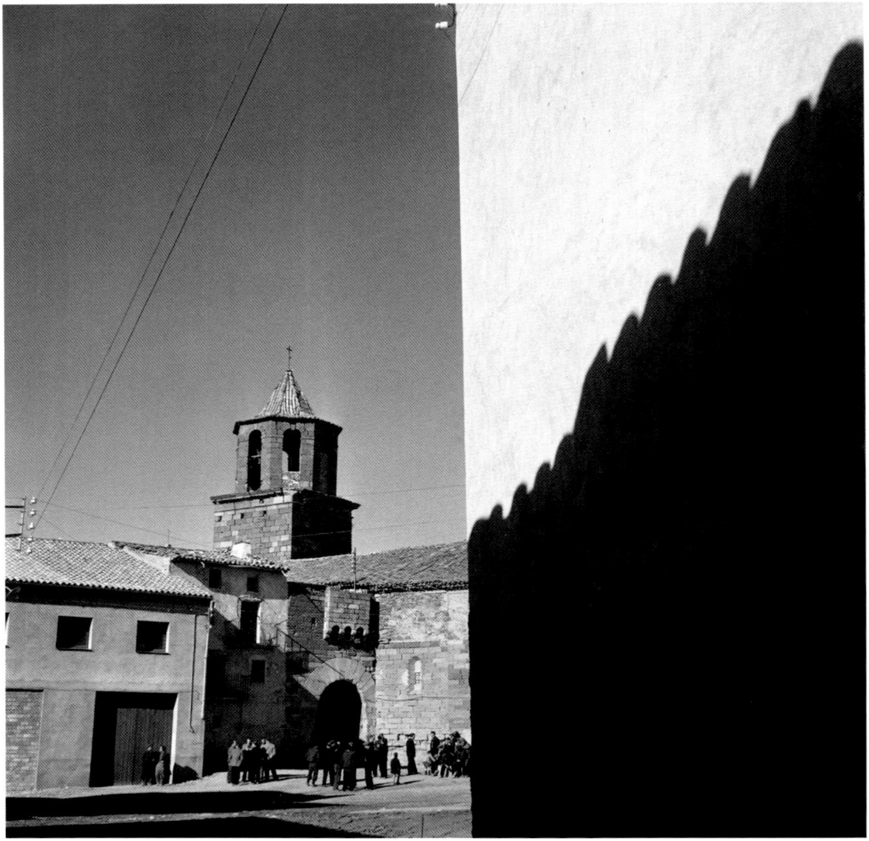

29. *Ca.* 1955

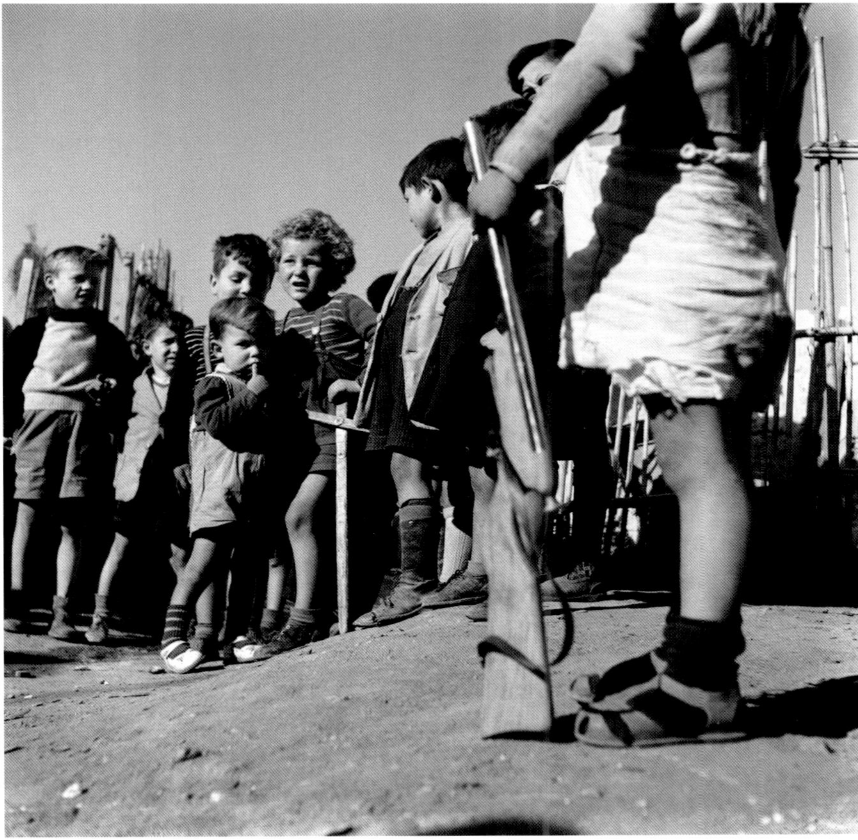

30. Niños en un suburbio de Barcelona, *ca*. 1955

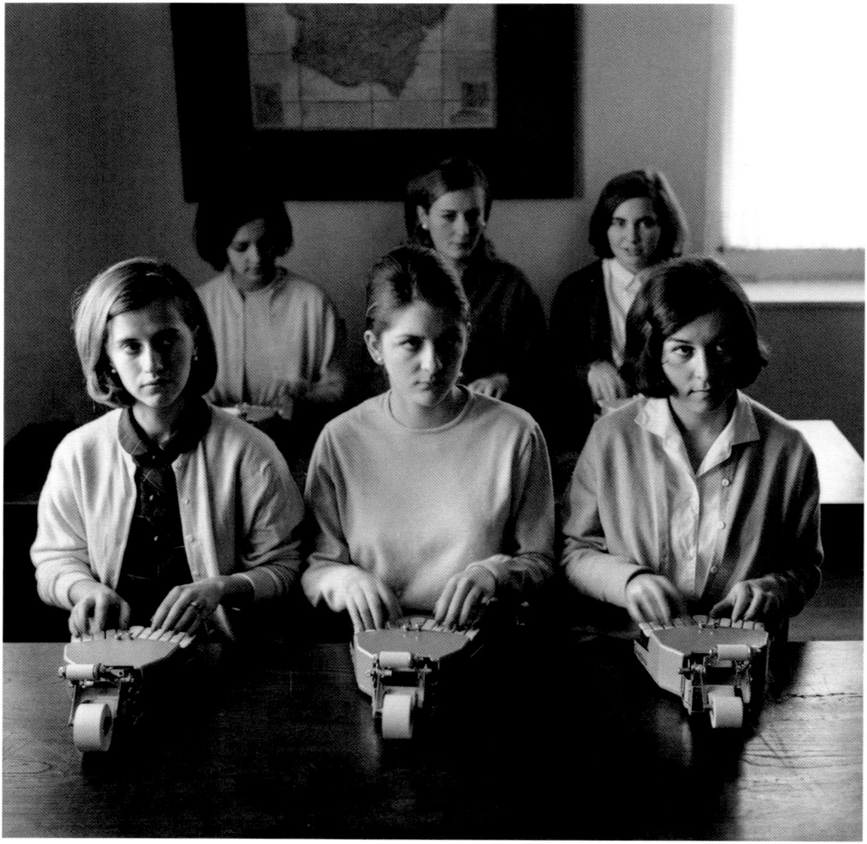

31. Universidad de Navarra, *ca.* 1960

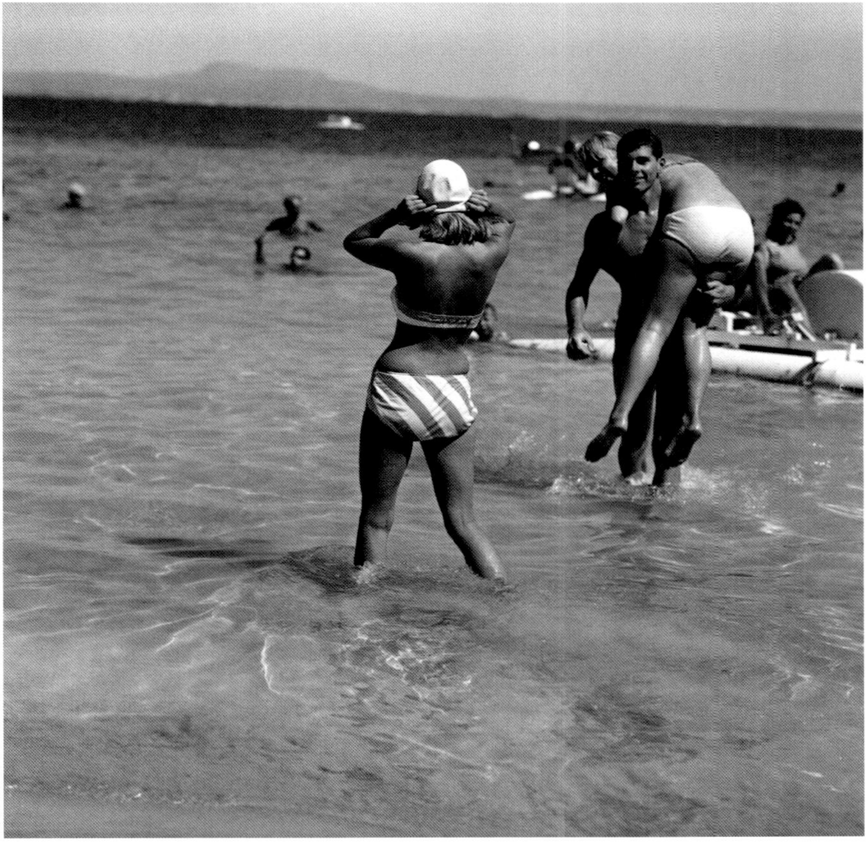

32. Playa. Baleares

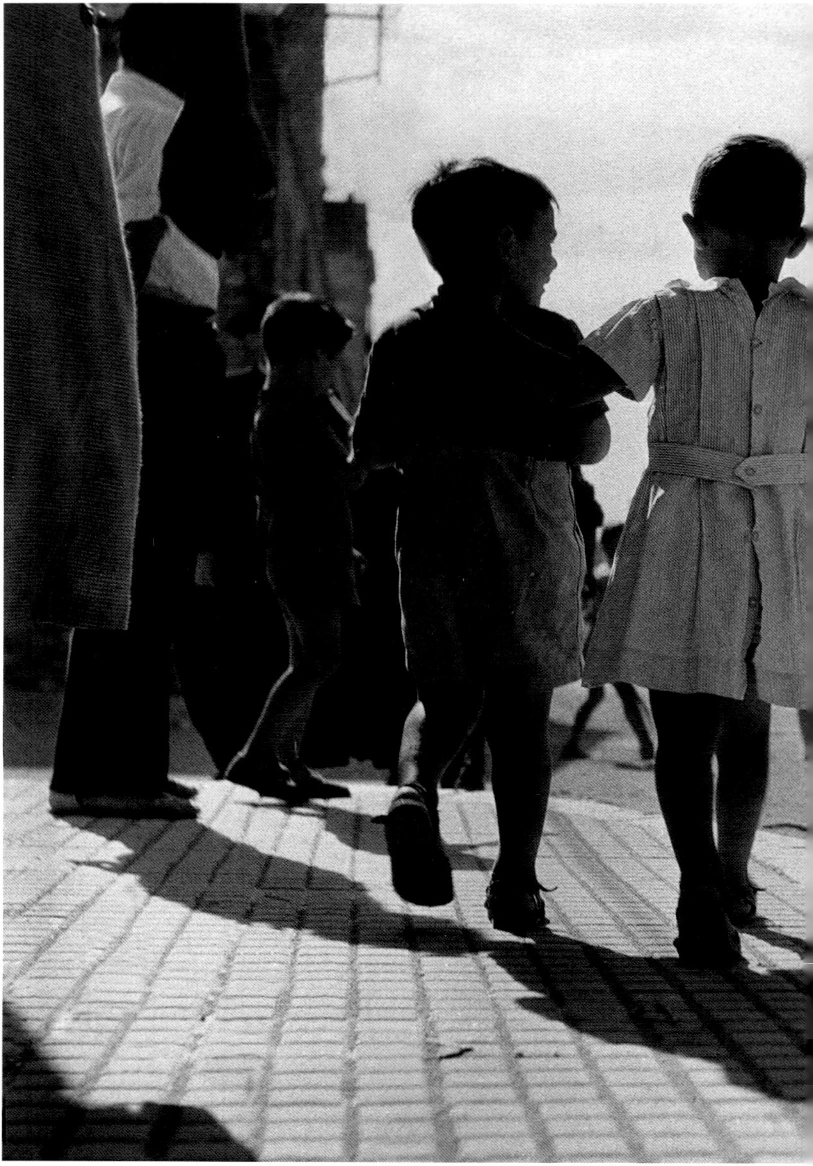

33. Amposta, Tarragona, *ca.* 1959

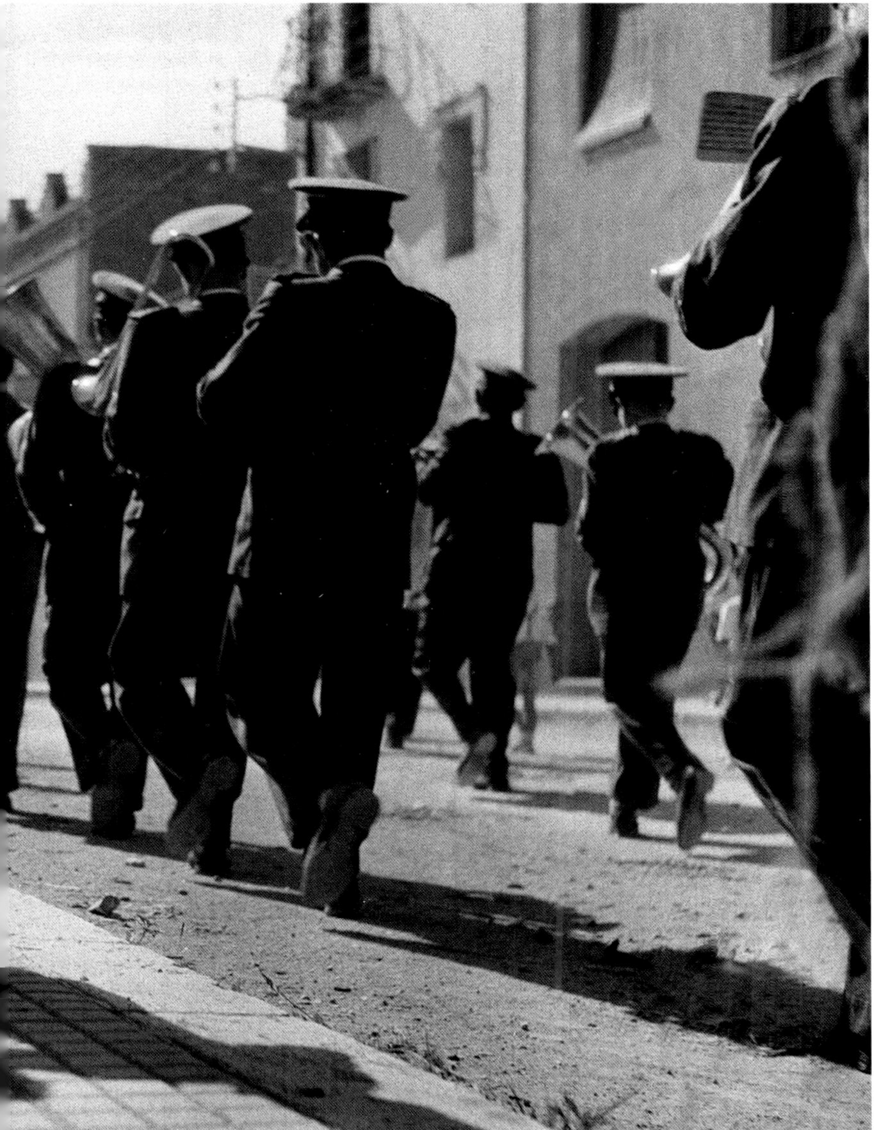

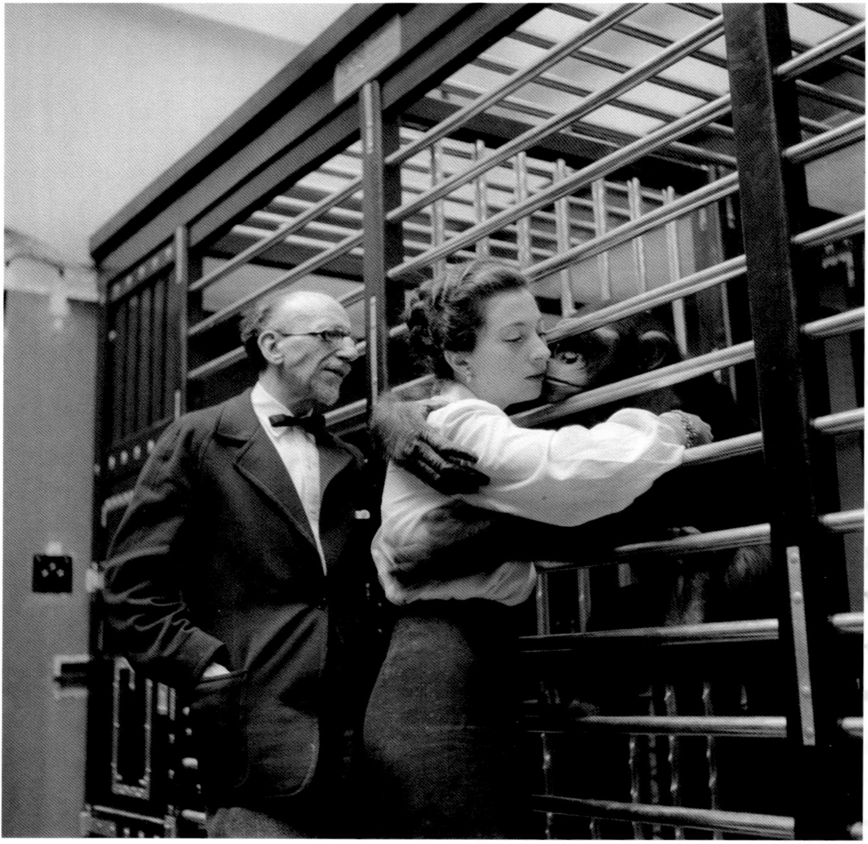

34. Doctor Barraquer e hija. Barcelona, *ca*. 1955

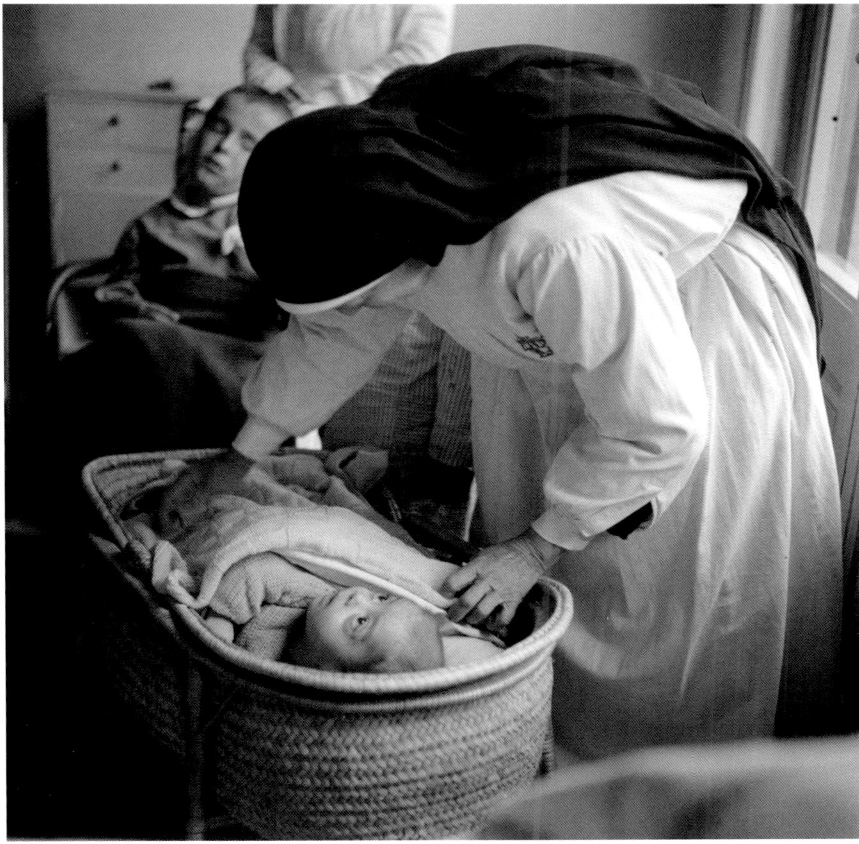

35. Viuda de Manuel Machado. Cotolengo del padre Alegre. Barcelona, *ca.* 1955

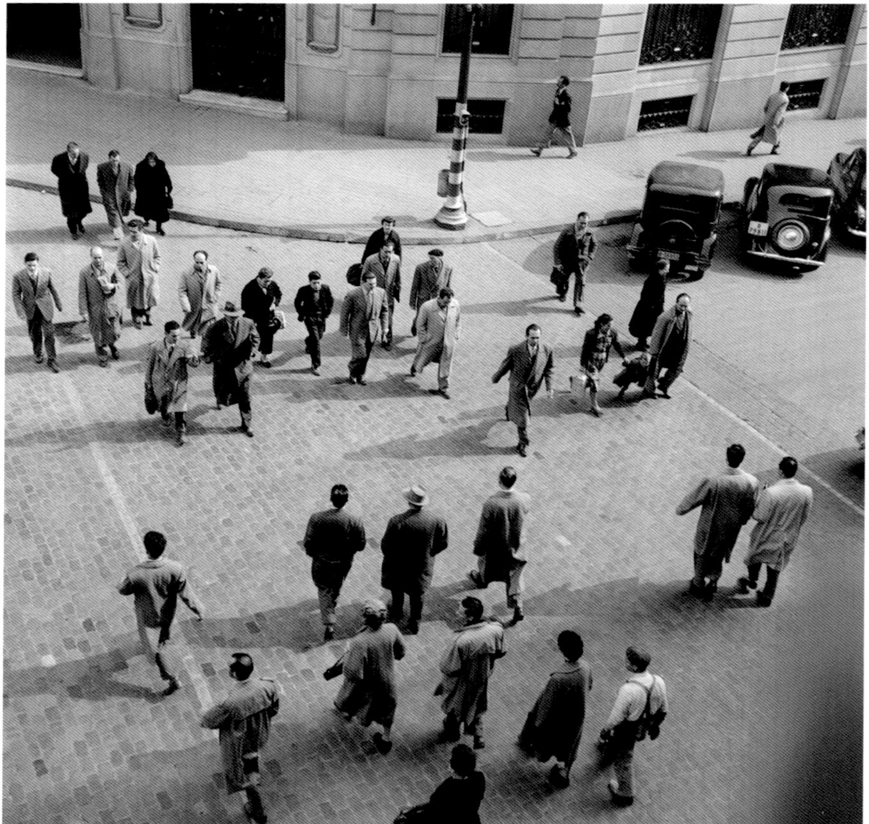

36. Madrid, *ca*. 1952

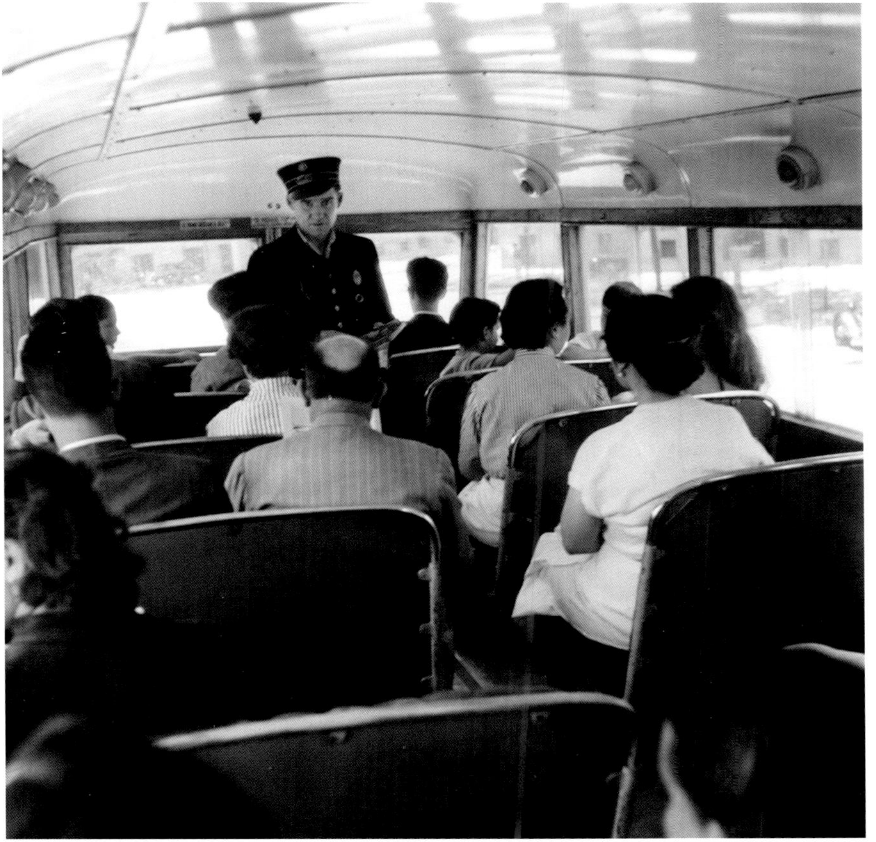

37. Madrid, *ca.* 1953

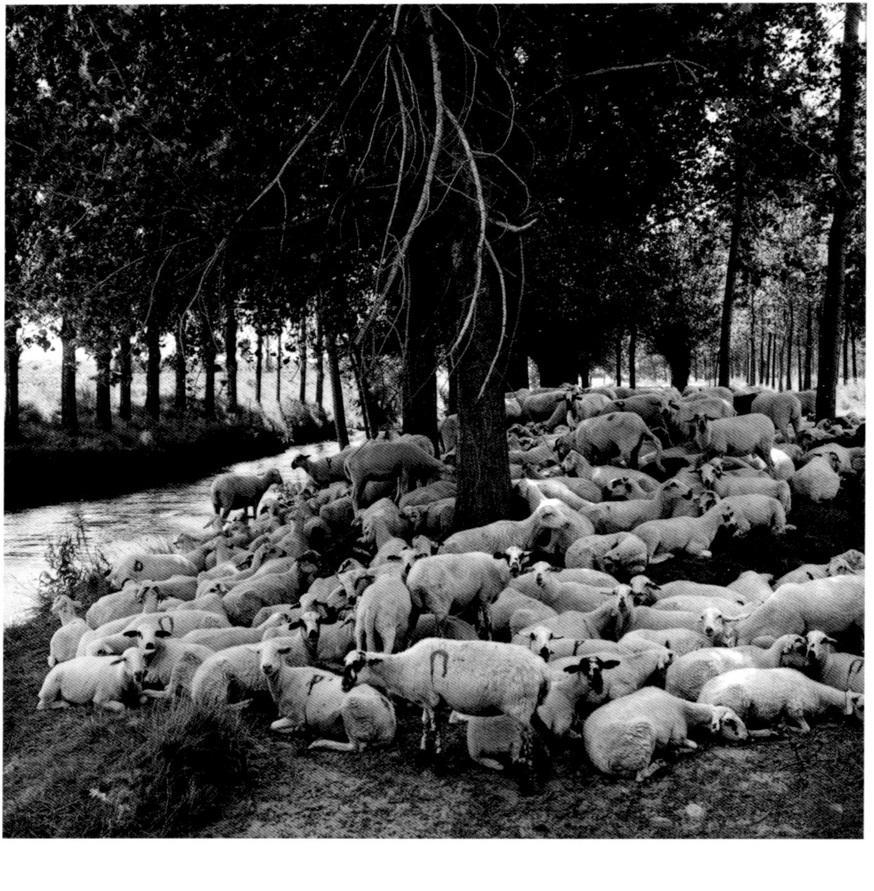

38. *Ca.* 1970

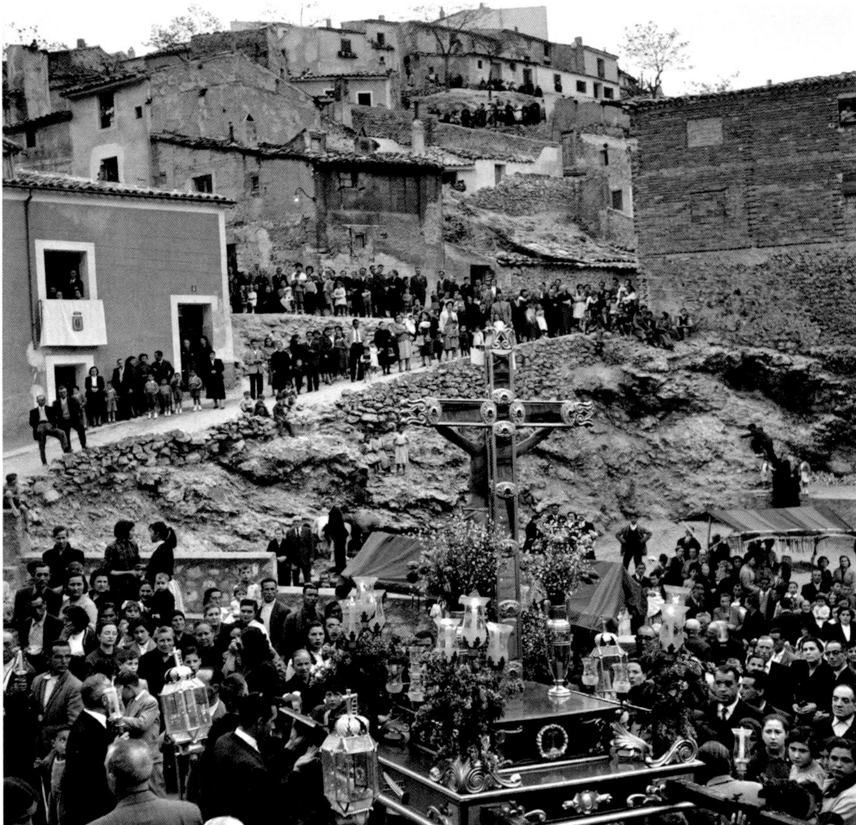

39. *Ca.* 1955

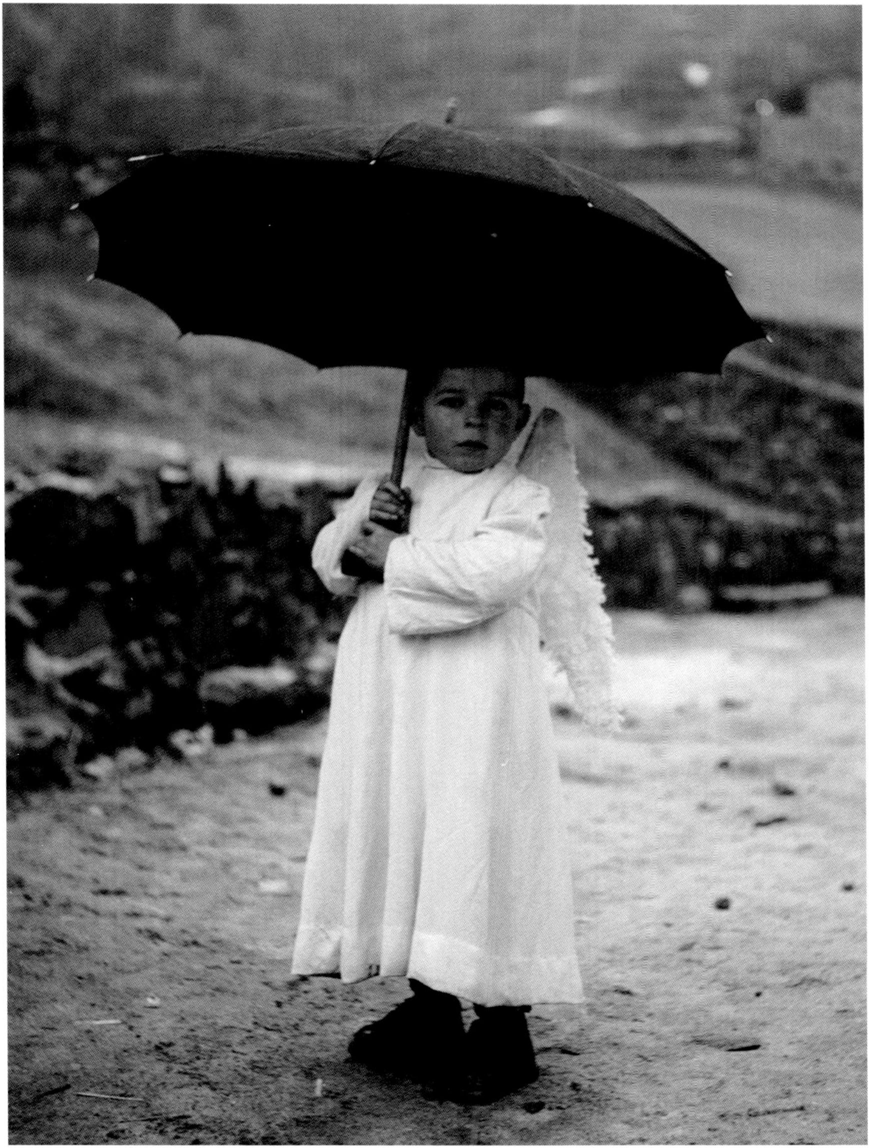

40. Ángel del pesebre viviente. D'Engordany, Andorra, *ca*. 1955

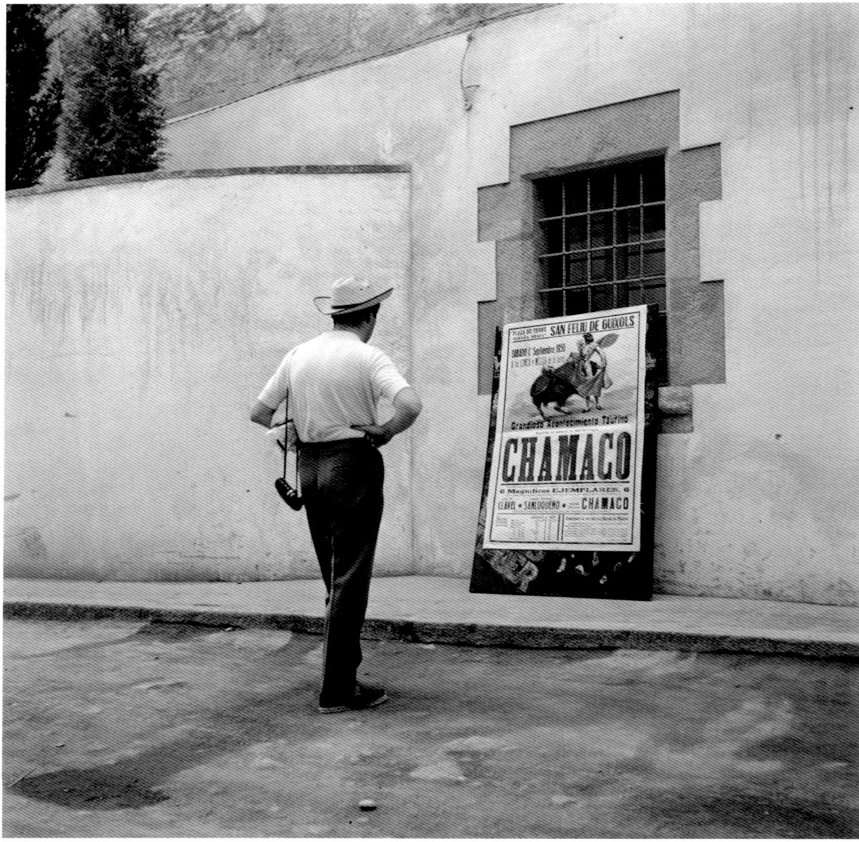

41. Tossa de Mar. Girona, *ca*. 1950

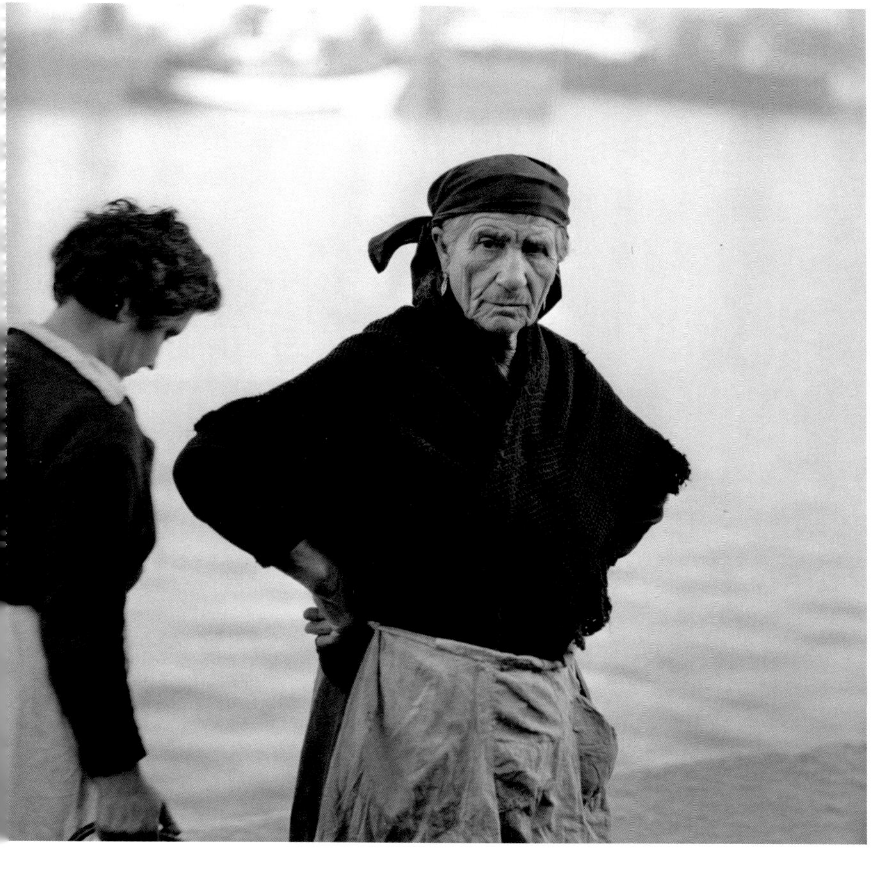

42. Vigo, Pontevedra, *ca*. 1960

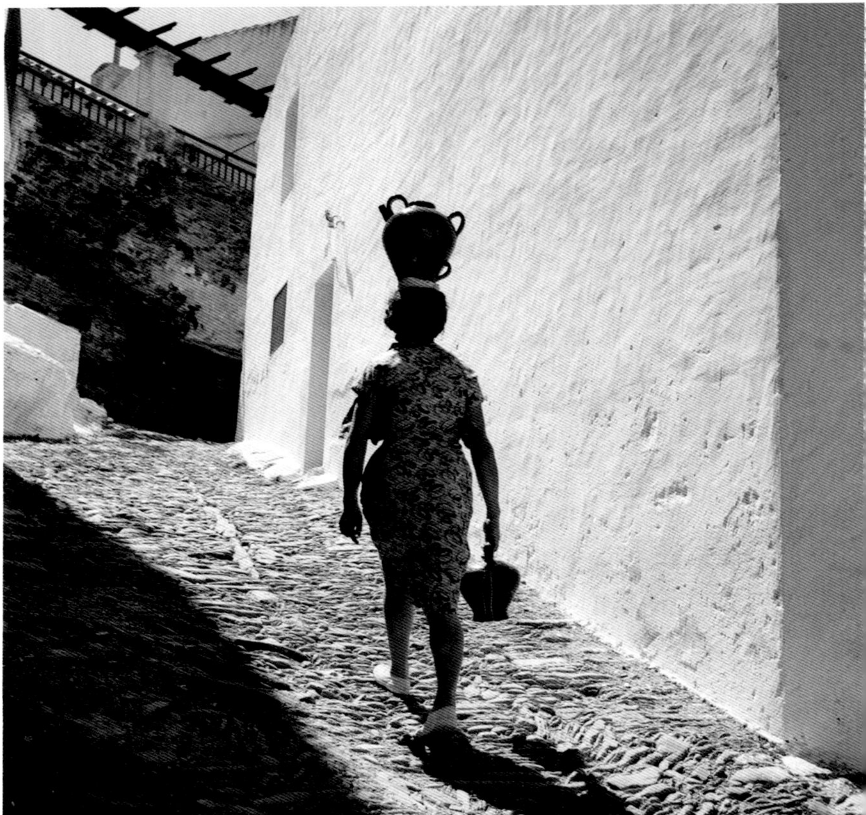

43. A por agua. Cadaqués, 1956

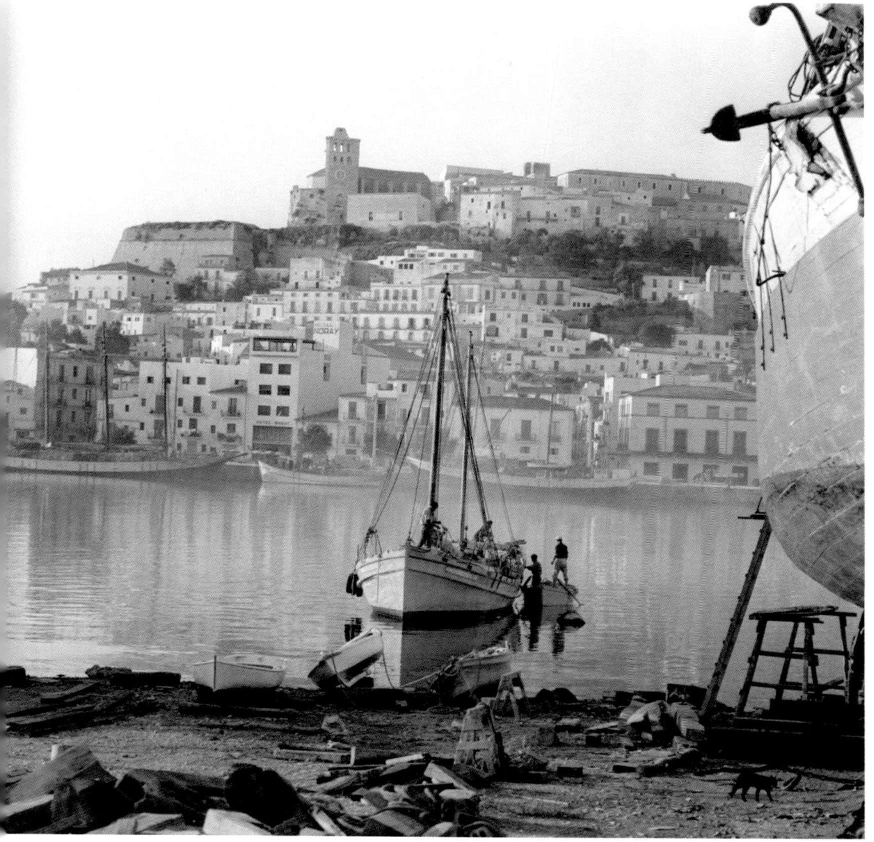

44. Ibiza, *ca.* 1960

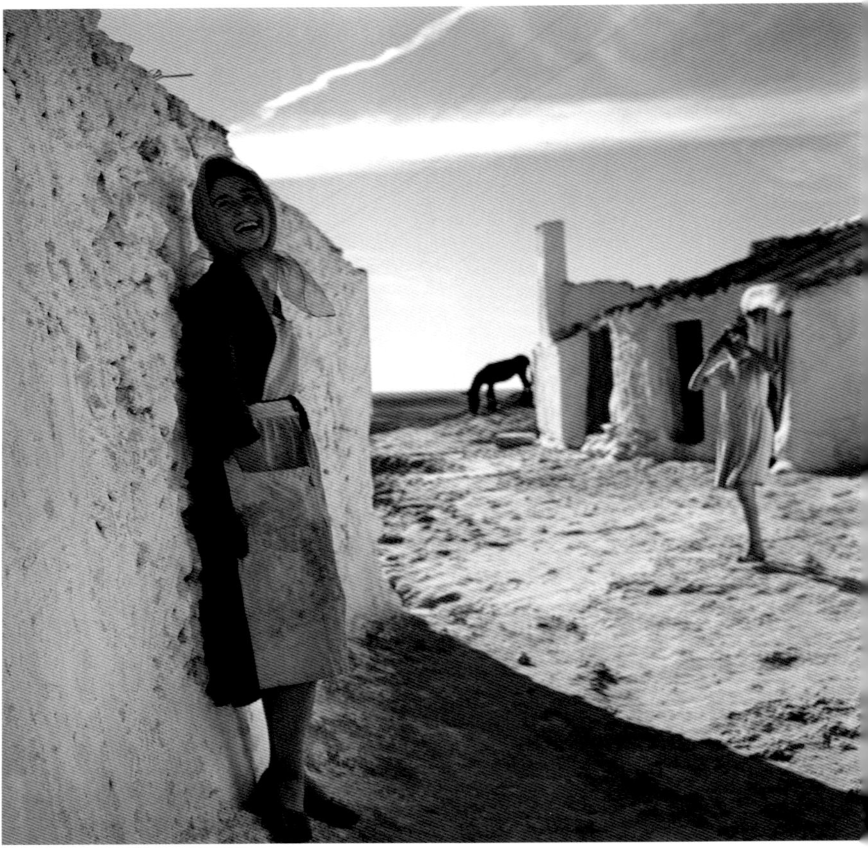

45. La Guardia, Toledo, *ca*. 1955

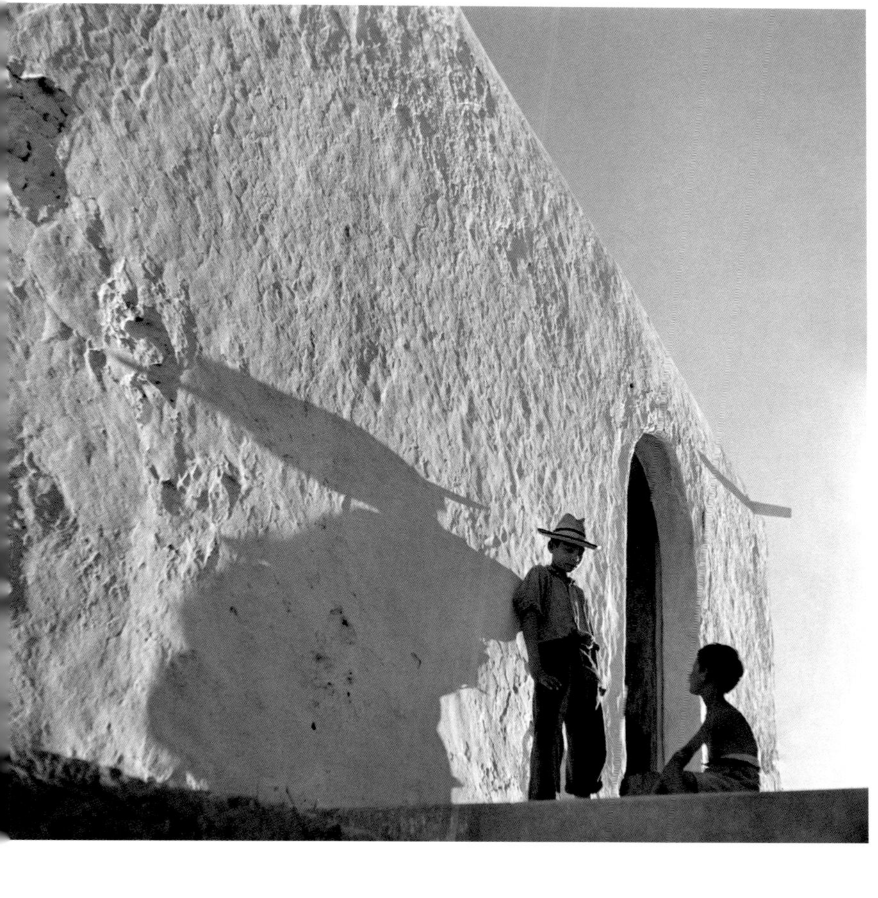

46. Ibiza, *ca.* 1959

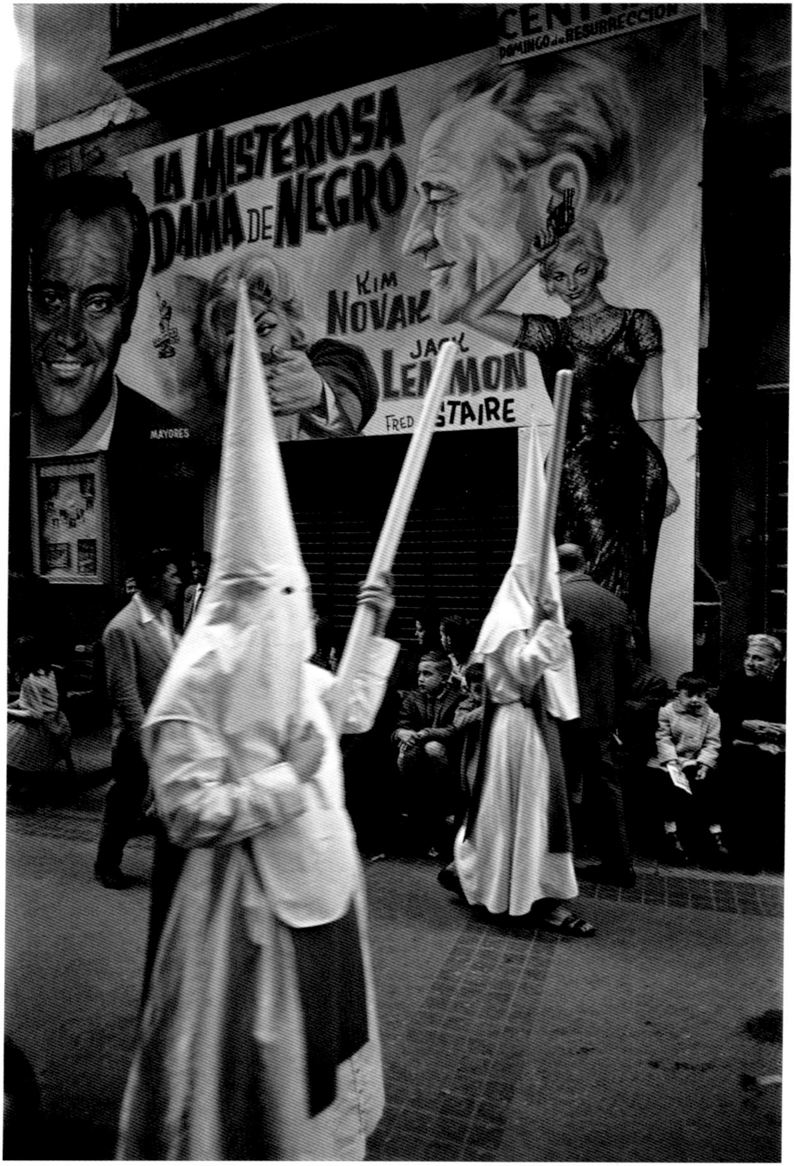

47. Semana Santa. Sevilla, 1963

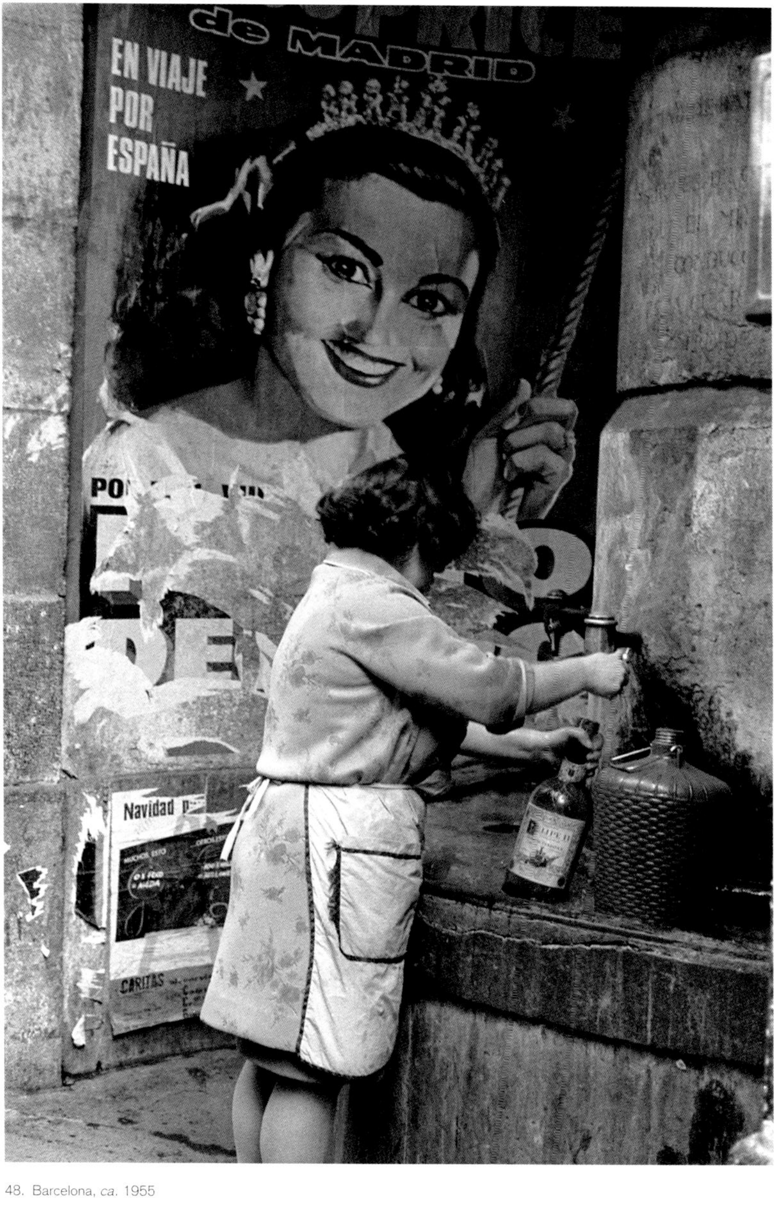

48. Barcelona, *ca*. 1955

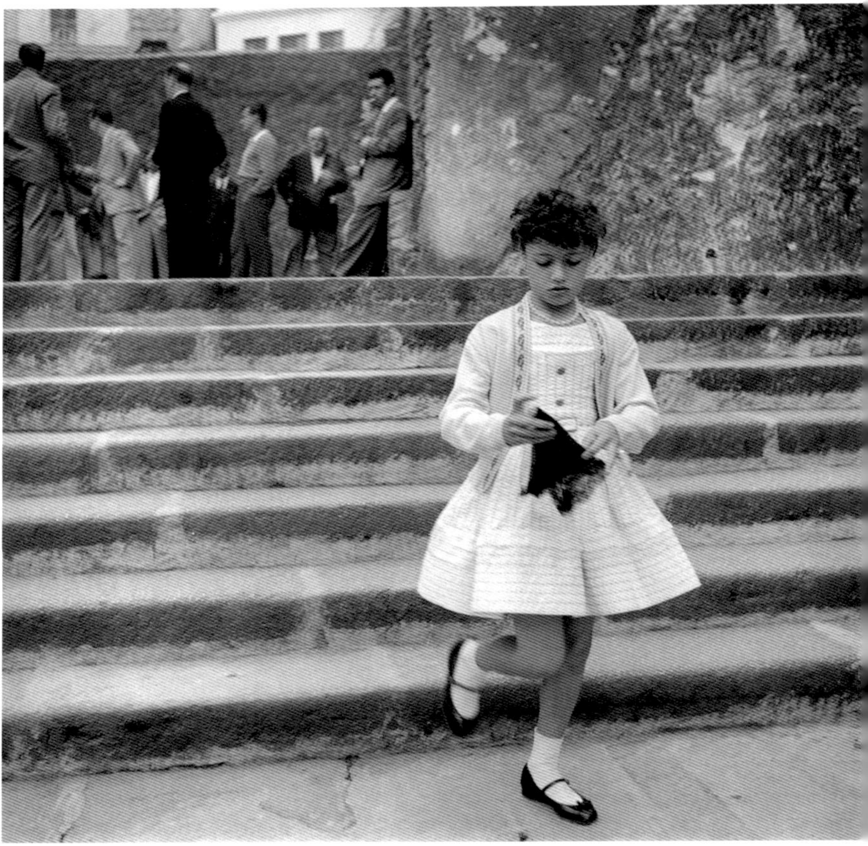

49. *Ca.* 1950

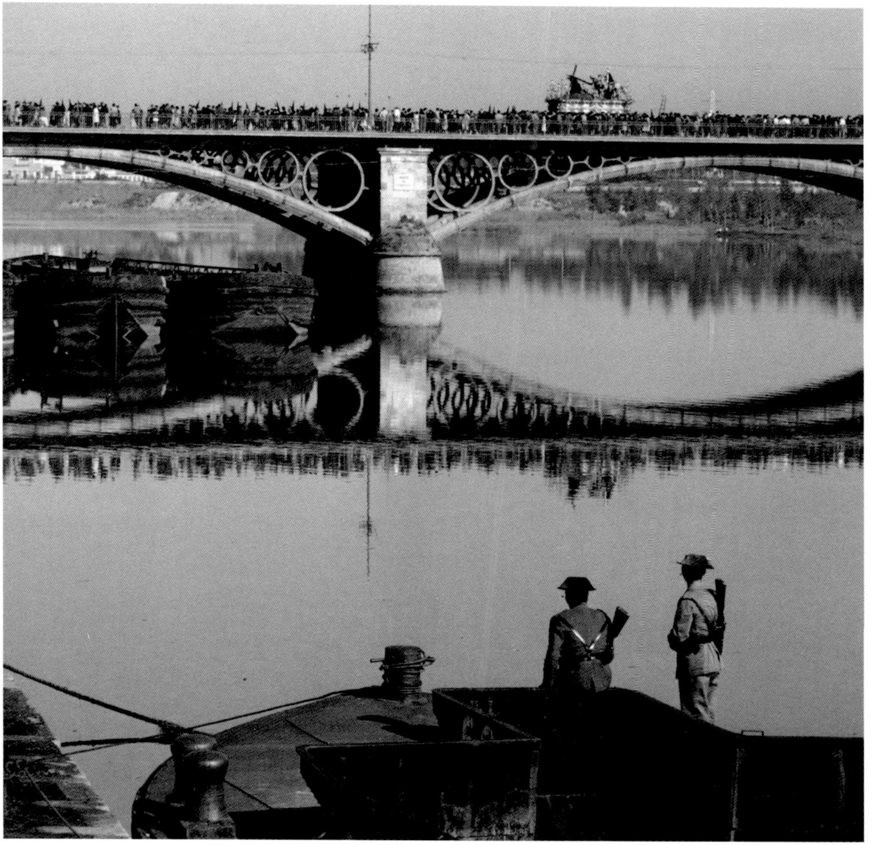

50. Puente de Triana. Sevilla, 1962

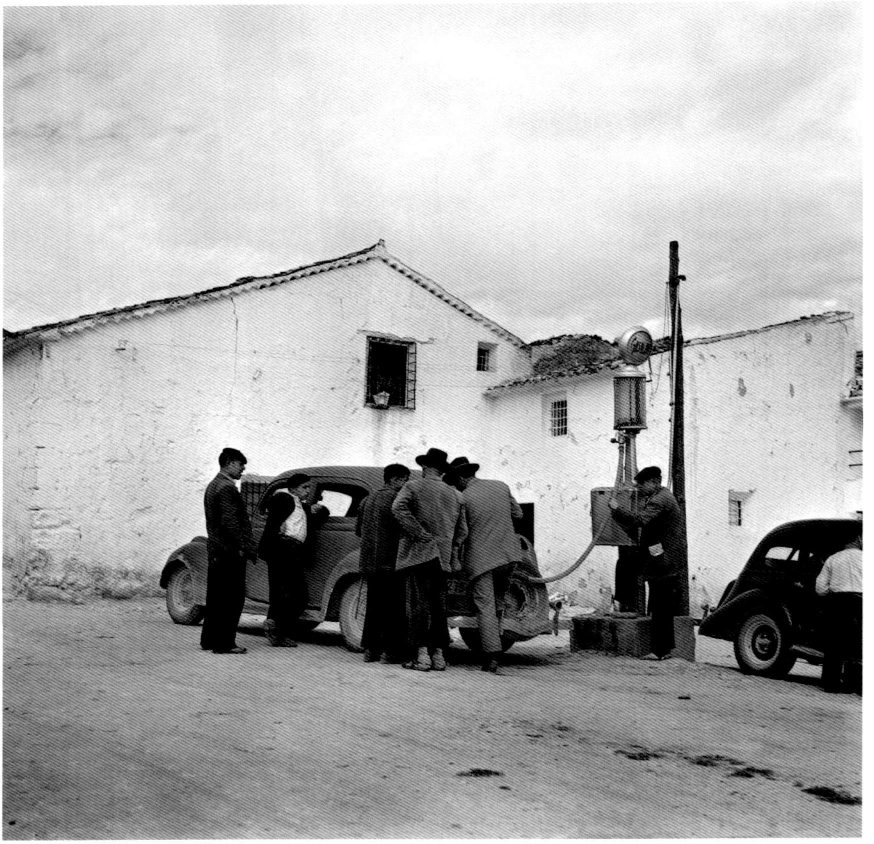

51. *Ca.* 1955

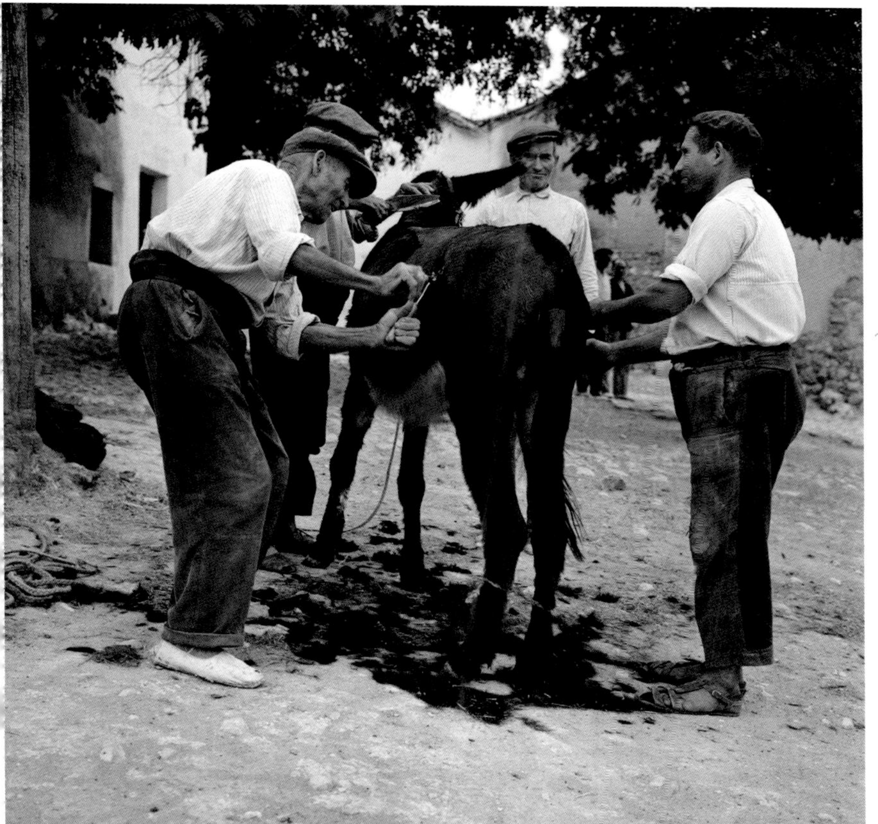

52. Santorcaz, Madrid, *ca*. 1955

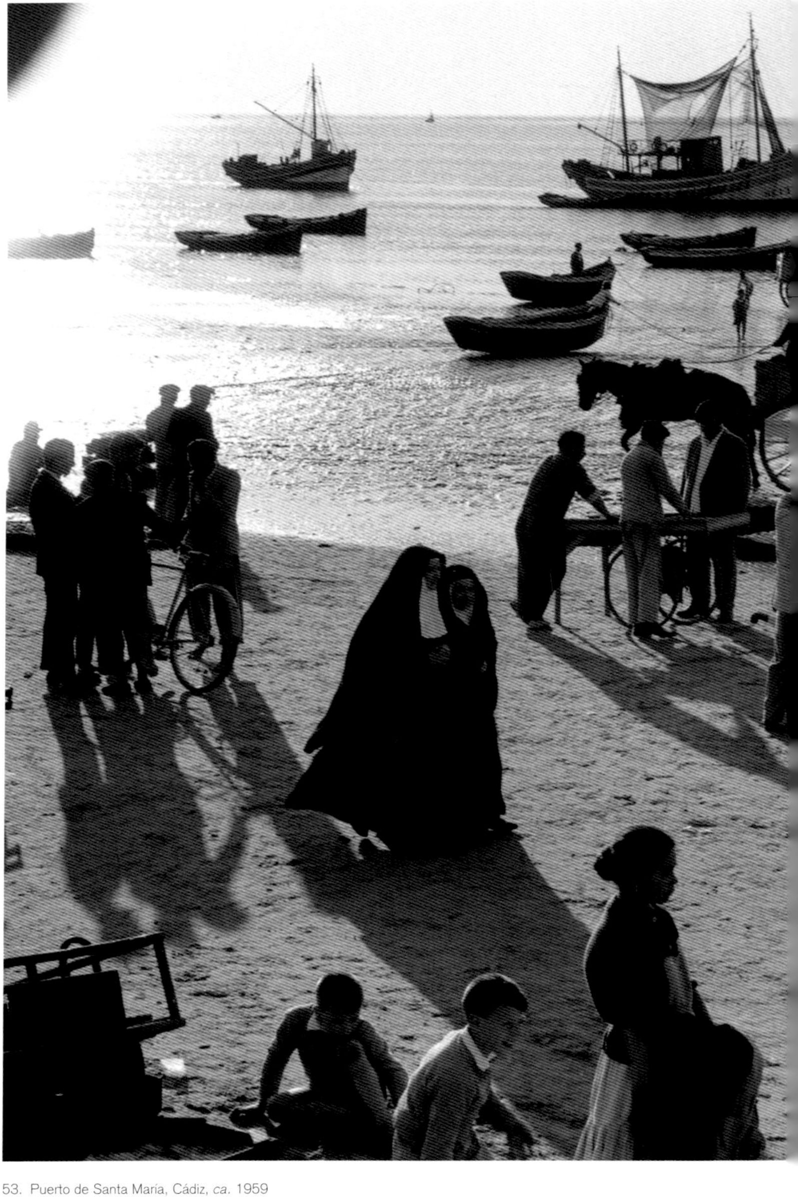

53. Puerto de Santa María, Cádiz, *ca.* 1959

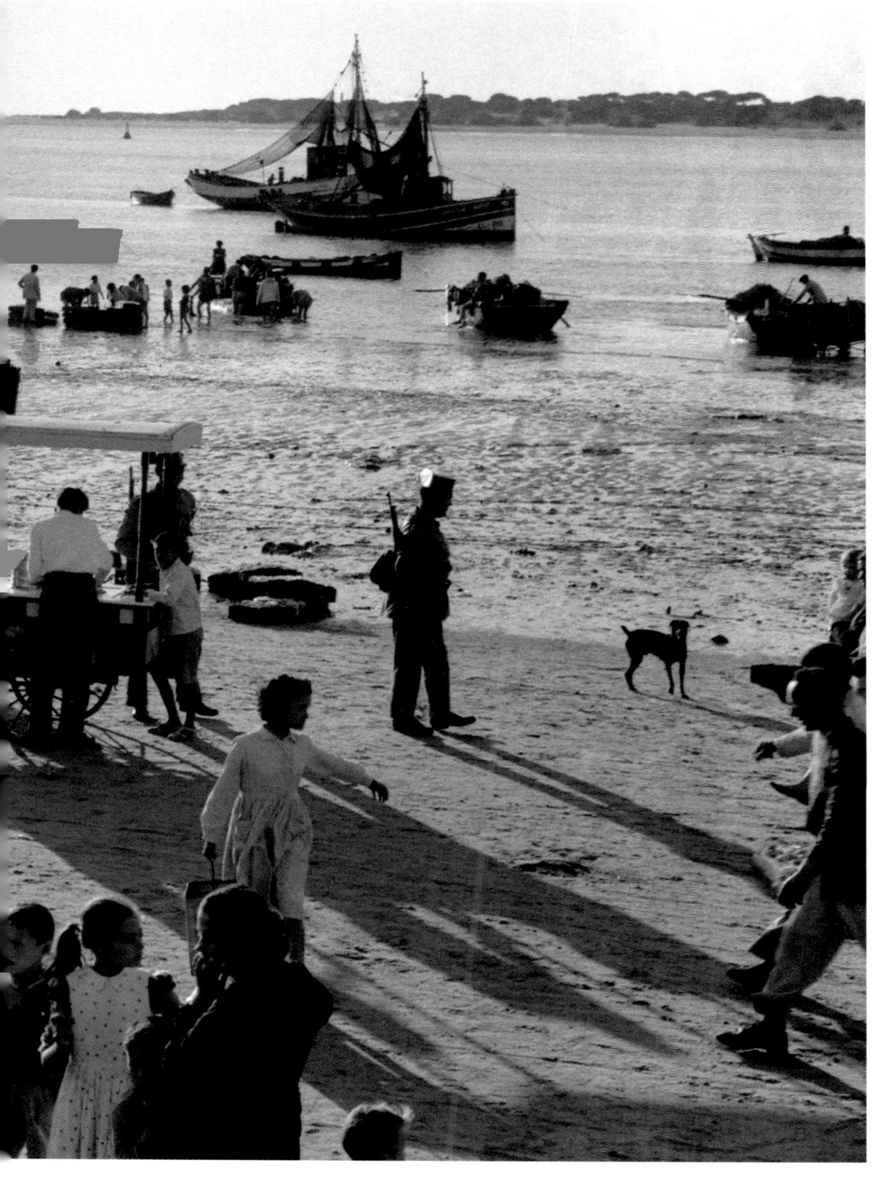

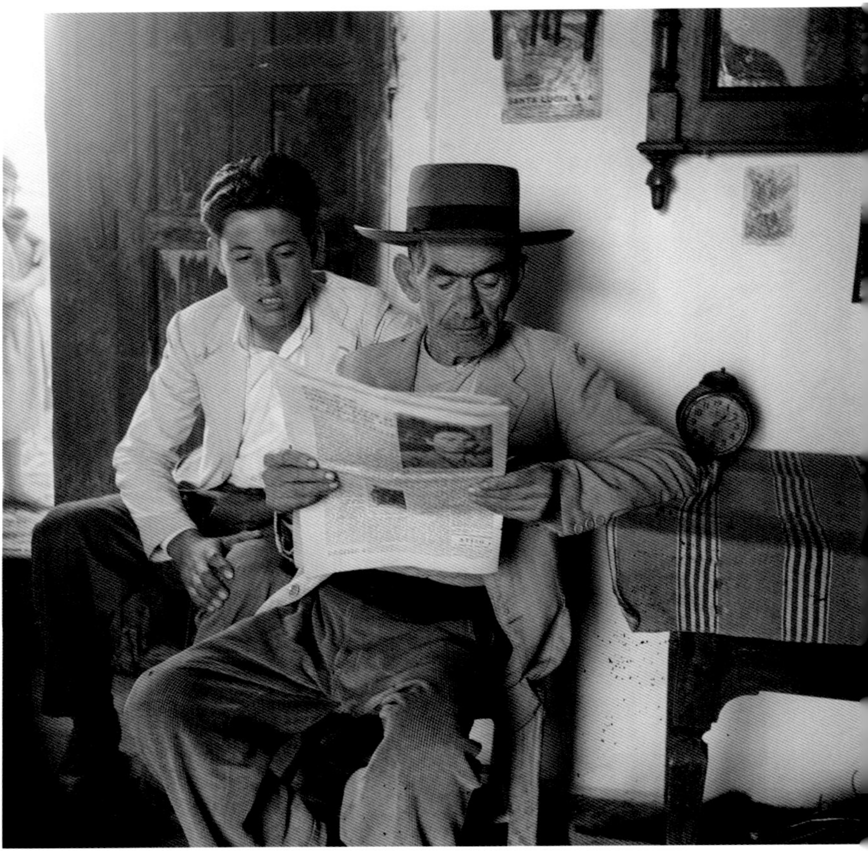

54. Arcos de la Frontera, Cádiz

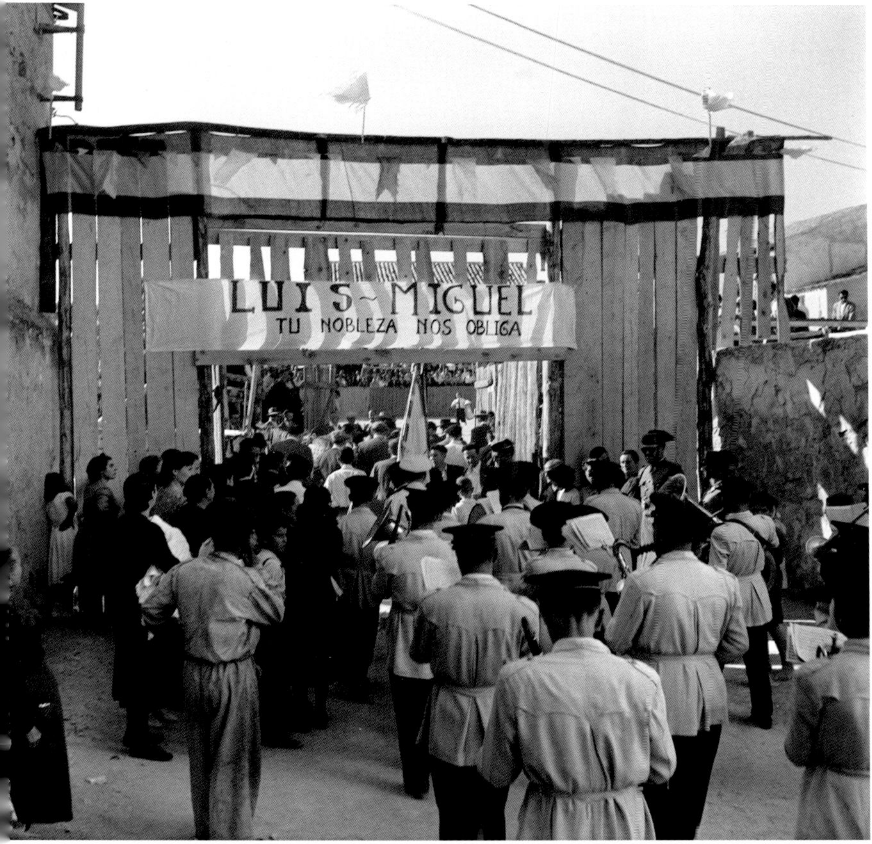

55. Carrascosa del Campo, Cuenca, *ca.* 1955

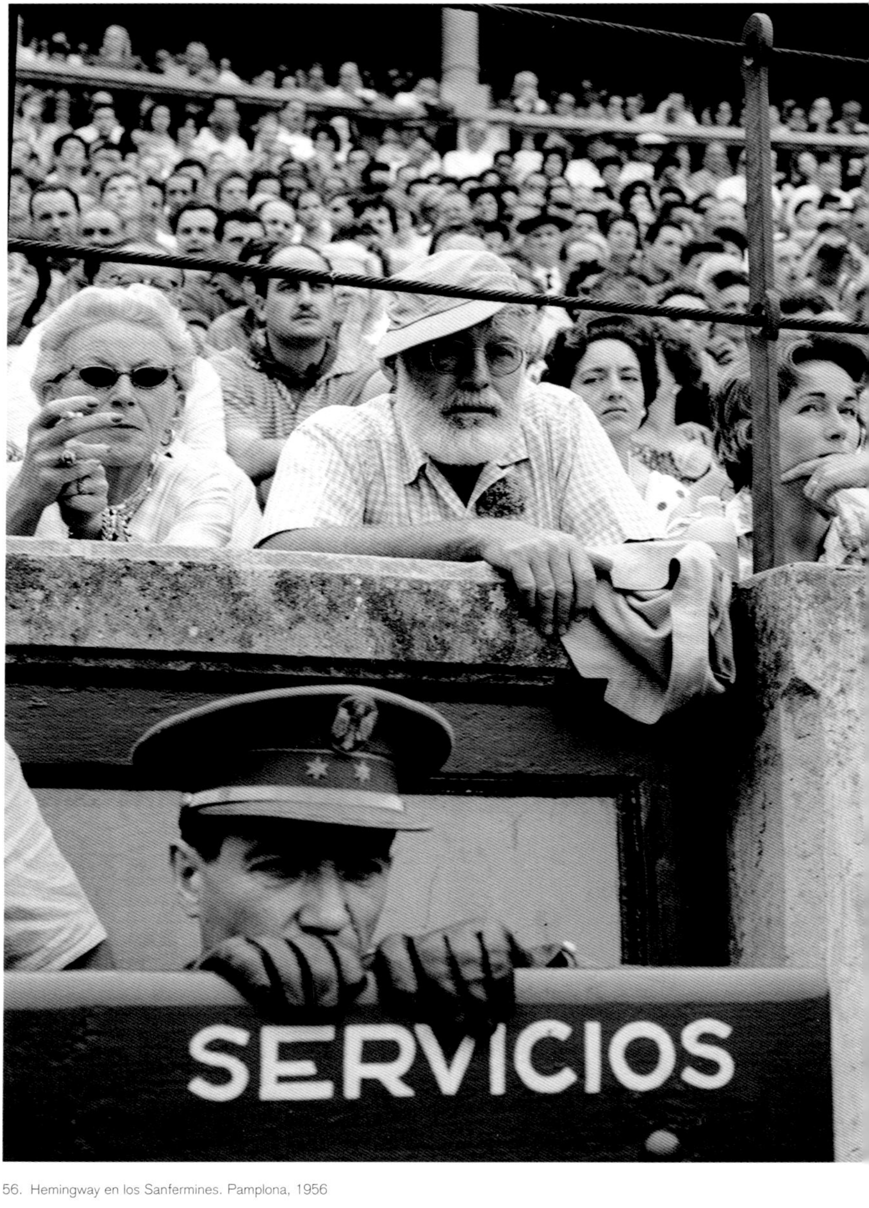

56. Hemingway en los Sanfermines. Pamplona, 1956

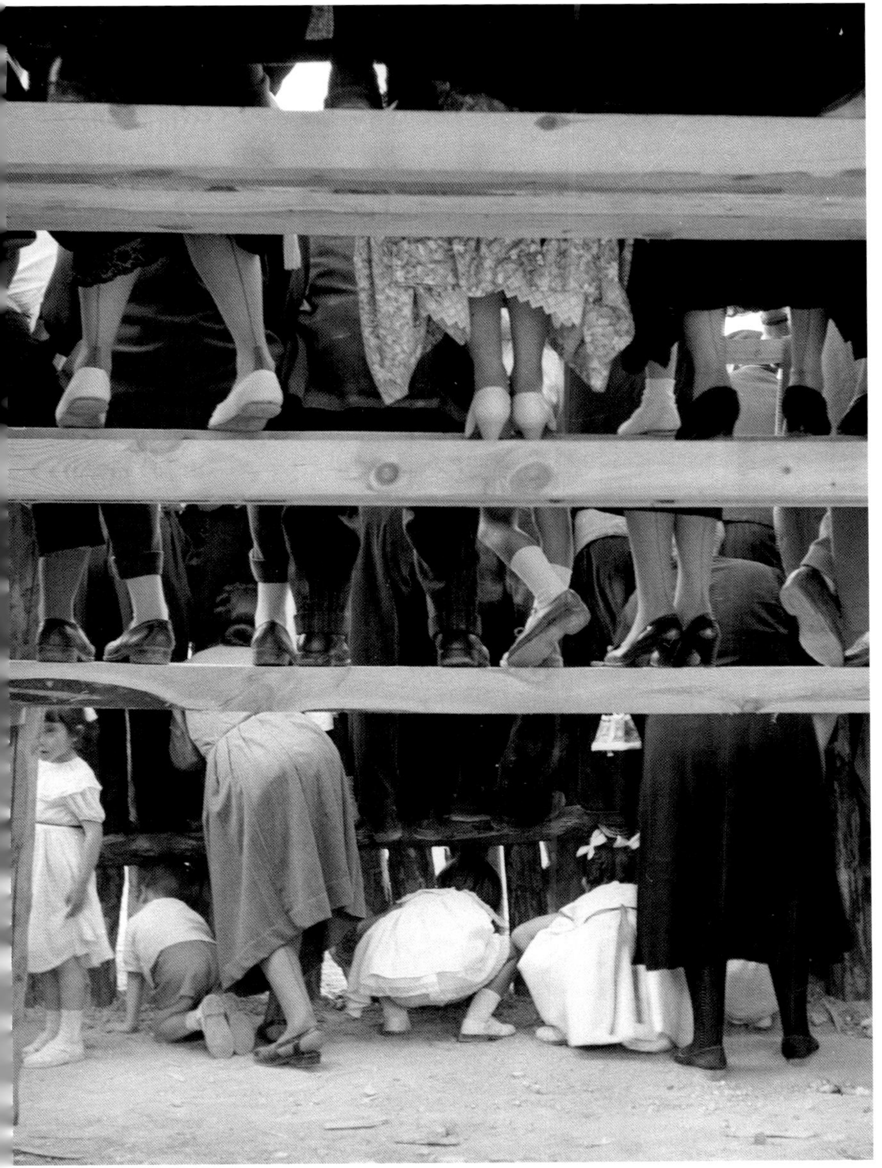

57. Carrascosa del Campo, Cuenca, *ca.* 1955

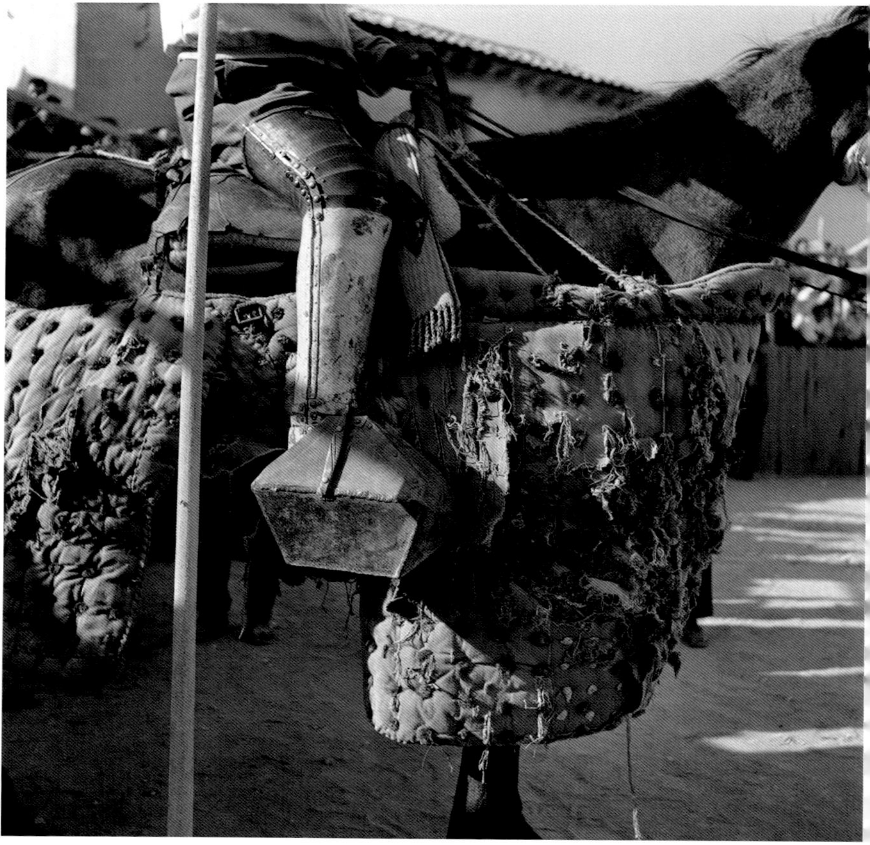

58. Carrascosa del Campo, Cuenca, *ca.* 1955

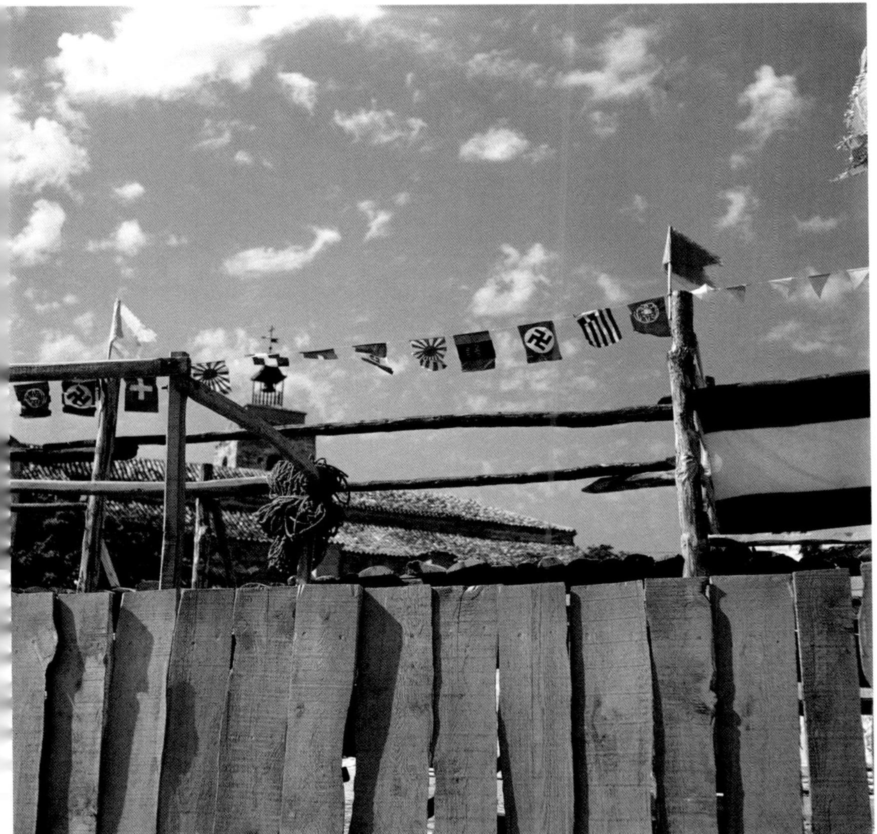

59. Carrascosa del Campo, Cuenca, *ca.* 1955

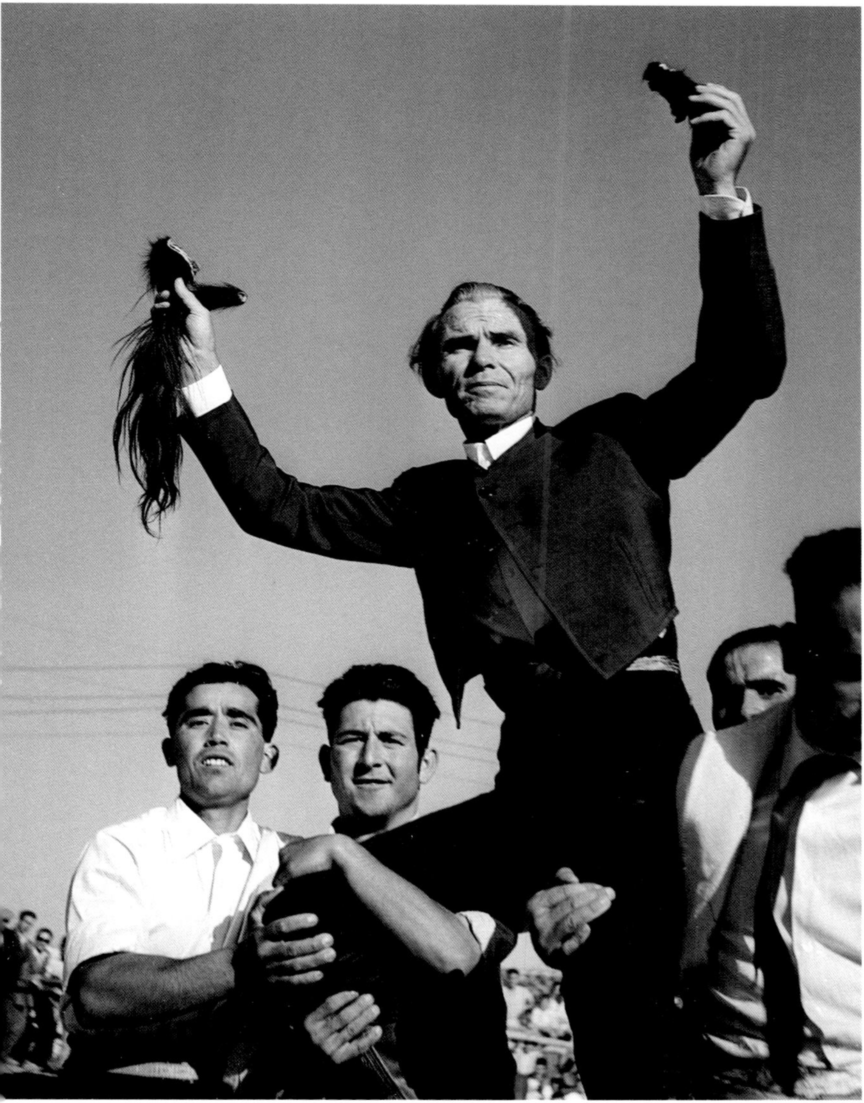

60. Domingo Ortega. Carrascosa del Campo, Cuenca, *ca*. 1955

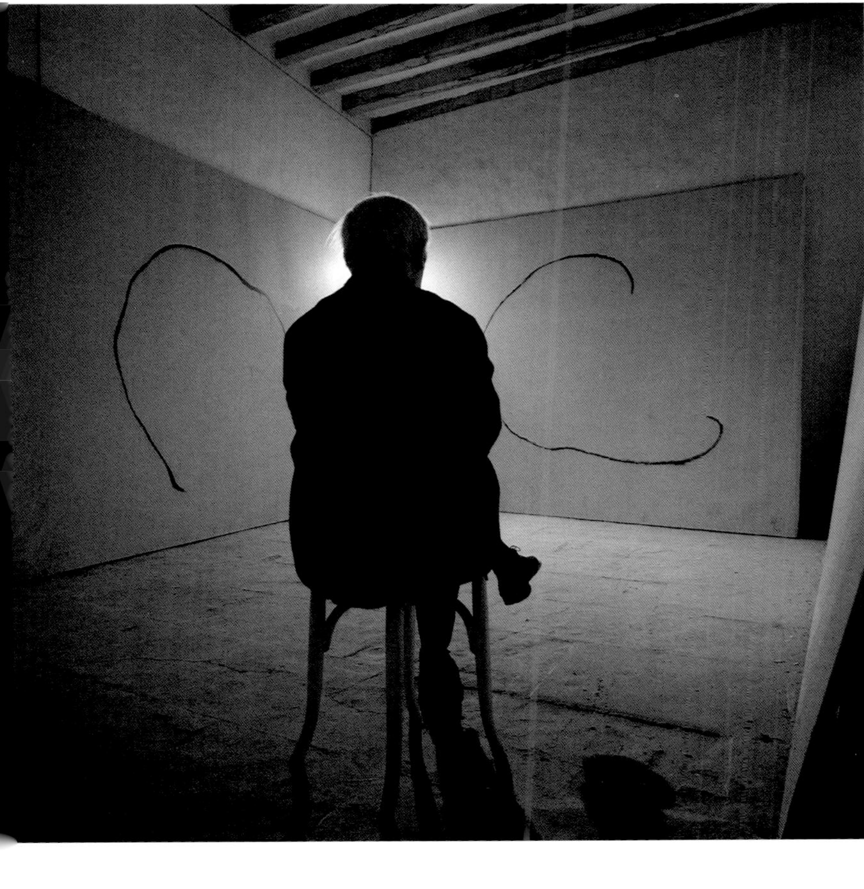

1. Miró en Son Boter. Mallorca, 1973

Cronología

1922 Francesc Català i Roca, hijo del fotógrafo Pere Català i Pic y de Anna Roca i Puig, nace en Valls (Alt Camp, Tarragona) el 19 de marzo.

1929 A la edad de siete años realiza su primera fotografía. Él y su hermano Pere aprenden desde muy pequeños del oficio de su padre.

1931 La familia Català-Roca se traslada a Barcelona, donde el padre se dedica a la fotografía publicitaria e industrial, que alterna con trabajos teóricos y pedagógicos.

1935 Comienza a trabajar como ayudante de su padre, que ese mismo año organiza en Barcelona una exposición sobre Man Ray.
Estudia dibujo en la Escuela de Belles Arts Llotja y asiste a la Academia Cots del Portal de l' Ángel por las tardes.

1936 Trabaja con su padre en un fotomontaje con motivo del filme *Sueño de una noche de verano*, de Max Reinhardt, y en un reportaje sobre Paul Eluard.

1937 Trabaja en el comisariado de propaganda de la Generalitat de Cataluña, del que Pere Català es director de publicaciones durante la Guerra Civil. Moldea en barro la cruz gamada que pisa un pie calzado con espardeñas, fotografía que con las palabras «¡Aixafem el feixisme!» (¡Aplastemos el fascismo!), se convirtió en uno de los carteles más famosos de la Guerra Civil. También trabajó en la imprenta y en el laboratorio fotográfico y fue ayudante del fotógrafo Josep Sala.

1939 Vuelve a estudiar dibujo en la Escuela Llotja.

1941 Continúa la actividad fotográfica con su padre, centrándose en la fotografía industrial y las reproducciones de cuadros y documentos.

1942 Cumple el servicio militar como voluntario para hacerlo en Barcelona.

1948 Se independiza de su padre y abre su propio laboratorio.
Gana su primer premio, el de los carteles de Fundador, convocado por la casa Domecq. Las 7.500 pesetas del premio le permiten devolver un crédito pedido tres meses antes.
Populart Photography premia algunas de sus fotos.

1950 Conoce a Salvador Dalí.
Premio Ciudad de Barcelona de Fotografía.
Premio Ciudad de Barcelona de Cine por su filme *La ciudad condal en otoño*.

1952 Su película *Piedras vivas* gana el premio Ciudad de Barcelona de Cine y el primer premio del Festival de Cine de Ancona, Italia.
Comienza su amistad con Joan Miró.
Publica su primer libro fotográfico *La Sagrada Familia*.

1953 Tiene lugar su primera exposición individual en la Sala Caralt de Barcelona. Sus fotos, siempre sin paspartú ni cristal, se muestran en grandes ampliaciones.

1954 Colabora habitualmente con la editorial Destino en guías turísticas.
Trabaja con los escritores Luis Romero, Josep Pla, Ramón Gómez de la Serna, Rafael Alberti, Gabriel Celaya, Néstor Luján, entre otros.

1958 Monta grandes plafones fotográficos para la Exposición Universal de Bruselas.
La Dirección General de Turismo le encarga la toma de fotografías por toda España. Estos viajes permiten a Català-Roca realizar su obra personal.
Comienza a trabajar con diapositivas a color.

1960 Se casa con la danesa Lilly Pedersen. La conoció dos años antes en Barcelona, donde ella había llegado para estudiar y practicar el catalán.

1961 Nace su primer hijo, Martí, el 30 de diciembre.

1963 Nace Andreu, su segundo hijo. Ambos entran en contacto con la fotografía desde muy pequeños. Ya son tres las generaciones de fotógrafos.

1965 Comienza a investigar sobre el color.

1970 Por encargo del galerista y mecenas Aimé Maeght, realiza documentales sobre artistas plasticos como Miró, Chillida o Guinovart.
Viaja a Japón junto a Joan Miró.

1973 A raíz de un proyecto con la editorial Blume, inicia sus viajes a América.
Abandona definitivamente el blanco y negro.

1974 Se separa de Lilly Pedersen. Sus dos hijos continúan viviendo con él. En periodos vacacionales viajan a Dinamarca.

1975 Las exposiciones se multiplican y se exhiben por todo el mundo. Català-Roca supervisa las muestras y los catálogos personalmente, ayudado por sus dos hijos.

1980 Su película *Femme/Woman. A Tapestry by Joan Miró* sobre el tapiz de Washington, recibe el premio The Golden Eagle.
Primeras colaboraciones con *La Vanguardia* y *La Gaceta Ilustrada*.

1983 Premio Nacional de Artes Plásticas del Ministerio de Cultura. Era la primera vez que se concedía a un fotógrafo.

1992 Premio Nacional de Artes Plásticas de la Generalitat de Cataluña.
Cruz de Sant Jordi.
Título de Honor de Valls, su ciudad natal.

1993 Medalla de oro al Mérito Artístico del Ayuntamiento de Barcelona.
La Fundación Miró le entrega l'Ocell Solar.

1996 Viaja por última vez para impartir una conferencia sobre fotografía y arquitectura.
Se agudiza una prolongada y traumática enfermedad.

1997 Sufre un infarto de miocardio el 1 de marzo.
Con motivo de su 75 aniversario, el 19 de marzo se le hace un homenaje en Valls, en el que están presentes numerosas personalidades y amigos.

1998 Muere el 5 de marzo.

2008 Su fondo fotográfico se deposita en el Colegio de Arquitectos de Cataluña, por voluntad de sus hijos Andreu y Martí.

Exposiciones individuales (selección)

1953 Sala Caralt. Barcelona.

1959 Sala Neblé. Madrid.

1982 *Fotografías. Artistas, personajes, toros*. Galería Maeght. Barcelona.

1983 *Joan Miró*. Galería Maeght. Barcelona.

1984 *Personajes de los años 50*. Biblioteca Nacional. Madrid.

1988 *Gaudí*. Institut d'Estudis Vallencs. Valls, Tarragona.

1990 *De mi archivo*. Galería Maeght. Barcelona.

1993 *Mirar Miró*. La Pedrera. Barcelona.

1997 Fundación Llorens Artigas. Barcelona.
Antológica, con motivo de su 75 aniversario. Centro de Arte Santa Mónica. Barcelona.

1998 *Antológica*. Primavera Fotográfica. Museo de Arte Moderno. Tarragona.

1999 PHotoGalería. Madrid.

2000 *Catalá-Roca, una nueva mirada*. Parque de Montjöic. Fundación Joan Miró. Barcelona.

2003 *Barcelona/Madrid, años cincuenta*. Museo Nacional Centro de Arte Reina Sofía. Madrid.

2004 *Barcelona/Madrid, años cincuenta*. Instituto Cervantes. Itinerante: Lisboa, Bucarest, París, Roma, Londres, Berlín y Nueva York.

2005 *Dalí*. Fundación Caixa de Tarragona, Museu de Valls y Patronato Municipal de Cultura. Itinerante por Cataluña.

2008 *Catalá-Roca al COAC*. Colegio de Arquitectos de Cataluña. Barcelona.

Cuenca hacia 1956. Fundación Antonio Saura. Cuenca.

2009 *Catalá-Roca. Región de Murcia 1961-1968*. Sala de exposiciones de la antigua Compañía de Jesús Ayuntamiento de Murcia.

Cuenca. La Fábrica. Cuenca y Barcelona.

2010 *Català-Roca. Obras Maestras*. Fundación Barrié de la Maza. Vigo.

Los viajes de Catalá-Roca. Galería Tiempos Modernos. Madrid.

2011 *Catalá-Roca: España años 50*. La Pedrera. Barcelona.

Exposiciones colectivas (selección)

1952 Primera exposición del Grupo R en las Galerías Layetanas. Barcelona.

1958 Exposición Universal de Bruselas.

1987 *Photographs*. Spanish Institute de Nueva York.

1997 Exposición sobre el legado arquitectónico del histórico Grupo R. Centro de Cultura Contemporánea de Barcelona.

2004 *Vidas privadas*. Fundación Foto Colectania. Barcelona.

2006 *Street Photography*. Kowasa Galery. Barcelona.

Estranyes Parelles. Fundación Foto Colectania. Barcelona.

2007 *Dos miradas al territorio. Memorias de la Costa Brava*, junto a Xavier Miserachs. Centro Cultural Fontana d' Or de Caixa Girona.

2009 *La visión del Otro: Modernidad y rostro fotografiado*. Galería Kowasa. Barcelona.

Maridajes V. Fundación Foto Colectania. Barcelona.

2010 Madrid, *¡Oh, cielos!* Círculo de Bellas Artes. Madrid.

Filmografía (películas en 16 mm)

1951 *La ciudad condal en otoño*.

1952 *Piedras vivas*.

1970 *Miró-Osaka*.

1976 *Contorno. Entorno*.

1977 *Chillida: ceramista y* Peine del viento.

Femme/Woman. A Tapestry by Joan Miró

1987 *Mies van der Rohe. Barcelona, 1929*.

Bibliografía

1952 *La Sagrada Familia*, con texto de C. Martinell. Ayma. Barcelona.

1954 *Barcelona,* con texto de L. Romero. Barna. Barcelona.
Madrid, con texto de J. A. Cabezas. Destino. Barcelona.

1962 *Mallorca, Menorca e Ibiza*, con texto de J. Pla. Destino. Barcelona.

1968 *Tauromaquia,* con texto de N. Luján. Nauta. Barcelona.

1970 *Cerámica popular española,* con texto de Llorens y Corredor. Blume. Barcelona.

1972 *Miró escultor*, con texto de J. Dupin. Polígrafa. Barcelona.

1973 *Los espacios de Chillida*, con texto de G. Celaya. Polígrafa. Barcelona.

1977 *Llorens Artigas*, con texto de P. Courthion. Polígrafa. Barcelona.
Artesanía popular española, con texto de M. A. Pelauzy. Blume. Barcelona.
España, con texto de M. A. Pelauzy. Blume. Barcelona.

1980 *Cerámica popular mexicana*, con texto de C. Espejel. Blume. Barcelona.

1983 *Gaudí*, con texto de I. Solà-Morales. Polígrafa. Barcelona.

1984 *Personajes de los años cincuenta*, con texto de L. Permanyer y J. Fontcuberta. Ministerio de Cultura. Madrid.
Miró, 90 años, con texto de F. Permanyer. Edicions 62. Barcelona.

1985 *Ver Barcelona*, con texto de P. Calders. Destino. Barcelona.

1986 *Ver Mallorca, Menorca e Ibiza*, con texto de V. Puig. Destino. Barcelona.

1988 *La caza de la perdiz roja,* de Miguel Delibes. Destino. Barcelona.

1992 *Barcelona: la conquista del espacio: arquitectura (1982-1992)*, con texto de J. Barril. Polígrafa. Barcelona.

1995 *Foto-grafías A-cromáticas.* Tibidabo. Barcelona.

1996 *Arquitectura moderna en Barcelona (1951-1976),* con texto de H. Piñón. Ediciones UPC. Barcelona.

2003 *Barcelona/Madrid años cincuenta*. Lunwerg. Barcelona.

2004 *Francesc Català-Roca.* PHotoBolsillo. La Fábrica Editorial. Madrid.

2005 *Memòries de la costa brava*, junto a Xavier Miserachs, con texto de R. Regàs. Lupita Books. Barcelona.

2006 *El turista interminable*. Gobierno de Canarias.

2007 *Imágenes de Castilla y León*. Junta de Castilla y León. Valladolid.

2008 *La Barcelona de Català-Roca*, con texto de C. Ruiz. La Magrana. Barcelona.

Cuenca. La versión de Francesc Català-Roca, con texto de H. Fernández. La Fábrica Editorial y Fundación Antonio Saura. Madrid.

2010 *Francesc Catalá-Roca. Obras maestras*. La Fábrica Editorial. Madrid.

Luis Revenga

Director y productor audiovisual, que ha conformado una obra multidisciplinar. Se ha desempeñado como editor y gestor cultural, especialmente de actividades fotográficas. Ha dirigido varios seminarios sobre fotografía en la Universidad Internacional Ménéndez Pelayo de Santander y ha ejercido la crítica fotográfica en el diario *El País*.

A director and audiovisual producer, Revenga has created a multidisciplinary oeuvre. He has worked as an editor and cultural manager, particularly of photographic activities. He has directed various seminars on photography at the Menéndez Pelayo International University in Santander and was a photography critic for the *El País* newspaper.

A needed look

Luis Revenga

If I had to choose a photographer, an artist who had made me think and had increased my taste for the photographic image, it is to Francesc Català-Roca whom I would give my thanks for the pleasure and rigour of his gaze (he used to say that "photography is gazing.")

He was master of a point of view and of a style capable of moving anyone who gazes attentively at anyone of his (always recognisable) works. When I stand in front of them time and time again I discover new forms of knowledge. His photographs are full of numerous meanings, visions that oblige us to enter deep into a world in which the reality of the artist immediately becomes our own. Through his images of cities and people, and of their surroundings and customs, "which blend with other aspects", we are able to gain an idea of an era different from our own: Francesc Català-Roca's vision of the world.

These photographs that so much impress me are all in black and white and were taken in the early 1950s. In the introduction to one of his last books, Català explains: 'I wanted to make a book of photographs of the middle of the 20th century, that is, taken at the moment of greatest splendour of the process referred to as black and white. The term is not is inadequate because, to my way of thinking, the word grey is missing. And if we talk about black, grey, and white, then we are getting somewhere. One could settle the matter with a single word, for example, achromatic, which is the combined form of two words derived from Greek: the prefix "a"s- meaning 'without' and "chromatic", which means 'pertaining or relative to colours'. Therefore, achromatic means 'without colour'. Combining the two words "photo", which means 'light', and "graph", which means 'writing', gives rise to the word photography which has the advantage of being understood in most of the languages of the western world."

We often spoke of such details, and others, too, such as his never exhibiting his photographs in glass frames ("It would be like putting them in cages", he used to say), and showing them in suitable and well-ordered formats. I always shared his well-considered views on such matters; and I can truthfully say, that as an editor of photography books, I also learnt a lot from him.

It is not understandable, knowing of his experience and of his inquisitiveness, that Català-Roca should definitively abandon black and white photography for colour in 1973? ("I see things in colour...") He was always a man step with the times. And in 1973 he made the first of a series of trips to Spanish-speaking America, countries that enthralled him and have left a profound imprint on his work in colour. Martí, his elder son, told me that, in early March 1998, his father, by that time in a terminal state, lucid and peaceful, remarked how much he would have liked to occupy the place of graphic report in Argentina at the time.

Catalá-Roca was the tireless traveller: "I adore travelling and if it's to take photos, Which is what i most like to do in the world, then I adore it even more", he wrote in his *Impresiones de un fotógrafo. Memorias,* in 1995. In the 1950s, he toured practically all of Spain on his mythical Vespa.

His enormous photographic output includes many memorable images, for in all of them Català observes and perpetuates instants that perfectly explains facts, things, and persons that, "Thanks to their representation, will be able to be studied and seen by coming generations." Once captured (on the negative), the moment represented is further circumscribed by means of the enlarger to make it more consistent with its really so that "the observer can understand it from its representation." A relation is established between ourselves and the external world that he has captured. Català confronts the subjects in a more or less complex manner, always with the intention of establishing a perfect equilibrium between the personal experience and the photographic one, which obliges those looking at his work to plunge deeper into the image before them. The effect that his work produces on us gains added impact on sensing the interior promptings of his approach.

Català-Roca's portfolios constitute a vast and magnificent treasure house of images which could quiet aptly bear the same title as his retrospective exhibition held in Barcelona, 1980, at the Galería Maeght, "Fotografías, Artistas. Arquitectos. Personajes. Toros." They contain the sum total of his personal universes and his rules for taking photographs.

Català-Roca is a humanist. His photographic suites and sequences demonstrate and define the reality that he captured, the reality that he knew and loved. These moments, these images, are the product of patient watchfulness, of waiting for what must follow (because when you have mastered the medium, you are able to capture and isolate the telling moment). I wish to say again: many of these photographs are outstanding. Some are austere, others amusing, elegant, and some are even strange. One ought not to forget that Català-Roca was trained by his father, and maestro, Pere Català i Pic, who introduced him to the world of the avant-garde; Francesc, for example, at the age of fifteen and his assistant, was able to view a Man Ray exhibition in Barcelona that had been organised by his father.

Català-Roca employed avant-garde and innovatory techniques and aesthetics to have more control over the final look of his photographs. We have a clear example of the combination of theory and technique informing his work, of his mastery of the art of photography, in his photograph of the monument to Columbus, seen from above *(Monument to Columbus, Barcelona 1947)*, or in another of Barcelona's Gran Vía, in which we see an armed policeman standing in front of an advertisement for baby powder *(Calber, Publicitat. Barcelona 1953)*. These and many other audacious images are the products of the discerning creativity of an artist who enjoyed perfect mastery of the expressive means he employed to portray the era in which he lived and to communicate its reality.

PHoto**Bolsillo**

Director de la colección / Series Editor
Chema Conesa

Diseño original / Original Design
Fernando Gutiérrez

Coordinación / Coordination
Carla Stinus

Producción / Production
Paloma Castellanos

Fotomecánica / Photomecanics
Cromotex

Impresión / Printer
Brizzolis

ISBN
978-84-15303-63-3

Depósito legal
M-3313-2012

LA FABRICA EDITORIAL

Editor / Publisher
Alberto Anaut

Directora editorial / Editorial Director
Camino Brasa

Director de Desarrollo / Development Director
Fernando Paz

Producción / Production
Paloma Castellanos

Organización / Organiser
Rosa Ureta

La Fábrica Editorial
Verónica, 13
28014 Madrid
Tel.: 34 91 360 1320
Fax: 34 91 360 1322
e-mail: edicion@lafabrica.com
www.lafabricaeditorial.com

Una coedición entre / A Coedition Between

LA FABRICA

cromotex
ARTES GRÁFICAS DIGITALES

BRIZZOLIS arte en gráficas

Biblioteca PHotoBolsillo

Biblioteca de Fotógrafos Españoles

Xavier Miserachs
Nicolás Muller
Humberto Rivas
Ricky Dávila
Koldo Chamorro
Francesc Català-Roca
Carlos Pérez Siquier
Luis Pérez-Mínguez
Gabriel Cualladó
Javier Vallhonrat
Miguel Trillo
Pilar Pequeño
César Lucas
Fernando Gordillo
Agustí Centelles
Baylón
Isabel Muñoz
José María Díaz-Maroto
Cristóbal Hara
Antonio Tabernero
Alberto García-Alix
Pablo Genovés
Clemente Bernad
Carlos Serrano
Ramón Masats
Óscar Molina
Cristina García Rodero
Pablo Pérez-Mínguez
Joan Fontcuberta
Navia
Ricard Terré
Fernando Herráez
Oriol Maspons
José Ignacio Lobo Altuna
Xurxo Lobato
Genín Andrada
Valentín Vallhonrat
Vari Caramés
Juan Manuel Díaz Burgos
Ferran Freixa
José Antonio Carrera
Manuel Vilariño
Kim Manresa
Rafael Navarro
Toni Catany
Luis Escobar
Marta Sentís
Chema Madoz
Ciuco Gutiérrez
Alberto Schommer
Ouka Leele
Manel Esclusa
Laura Torrado
Ángel Marcos
Ortiz Echagüe
Francisco Ontañón
Carlos Saura
Alfonso
Juan Manuel Castro Prieto
Pep Bonet
Juantxu Rodríguez
Paco Gómez
Virxilio Vieitez
Gonzalo Juanes
Rosa Muñoz
Leopoldo Pomés
José Ramón Bas
David Jiménez
Leonardo Cantero
Jordi Socías
Colita
Alfredo Cáliz
Gervasio Sánchez
Txema Salvans
Matías Costa
Emilio Morenatti
Pierre Gonnord

Biblioteca de Fotógrafos Latinoamericanos

Luis González Palma
Casasola
Marcos López
Cia de Foto

Biblioteca de Fotógrafos Africanos

Jean Depara
Samuel Fosso
Mama Casset

Próximo título / To Be Published

Ricardo Cases
Sofía Moro

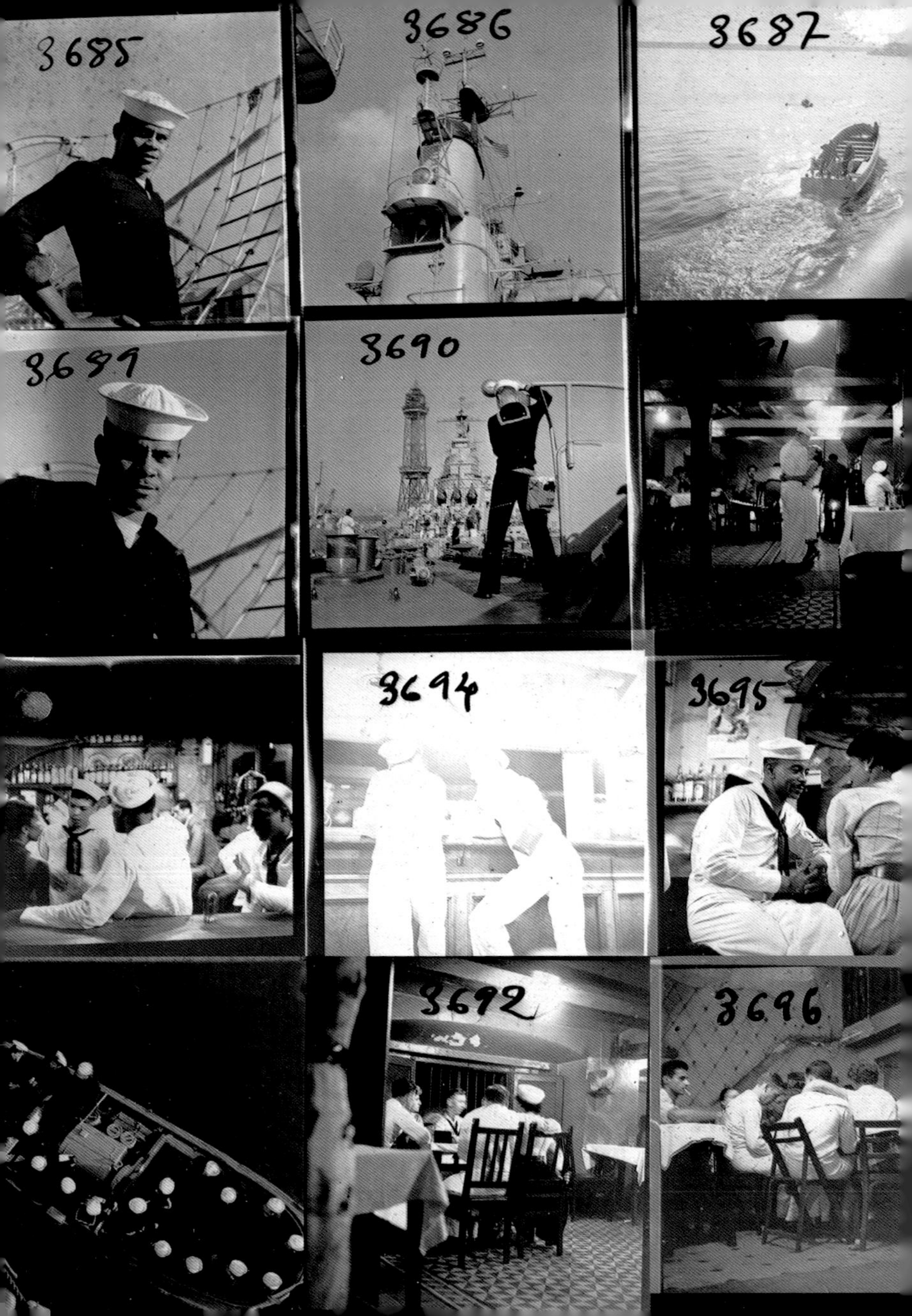
3685
3686
3687
3689
3690
3694
3695
3692
3696